全国小学生校园美文精品集萃丛

七色阳光
小少年

点一盏心灯

《语文报》编写组 编

时代文艺出版社

图书在版编目（CIP）数据

点一盏心灯／《语文报》编写组编. —长春：时代文艺出版社，2018.8（2023.6重印）

（"七色阳光小少年"全国小学生校园美文精品集萃丛书）

ISBN 978-7-5387-5947-1

Ⅰ.①点… Ⅱ.①语… Ⅲ.①作文－小学－选集 Ⅳ.①H194.4

中国版本图书馆CIP数据核字（2018）第152162号

出品人　陈　琛
产品总监　郭力家
责任编辑　李荣峚
装帧设计　孙　利
排版制作　隋淑凤

点一盏心灯

《语文报》编写组　编

出版发行／时代文艺出版社

地址／长春市福祉大路5788号　龙腾国际大厦A座15层　邮编／130118

总编办／0431-81629751　发行部／0431-81629758

官方微博／weibo.com／tlapress

印刷／北京一鑫印务有限责任公司

开本／700mm×980mm　1／16　字数／153千字　印张／11

版次／2018年8月第1版　印次／2023年6月第9次印刷　定价／34.80元

编　委　会

主　　编：刘应伦

编　　委：刘应伦　赵　静　李音霞

　　　　　郭　斐　刘瑞霞　王素红

　　　　　金星闪　周　起　华晓隽

　　　　　何发祥　朱晓东　陈　颖

　　　　　段岩霞　刘学强

本册主编：张和忠　李卫俊

目　录

甜甜的杜果芯

001

你好，星星

脚步从未停歇

生活中，那一抹亮色

003

想念那段温暖的时光

甜甜的杧果芯

　　妈妈口中的所谓的"甜"，脸上挂着的像吃蜜的样子，都是为了让我一直心安理得地吃那最香甜多汁的果肉！心里五味杂陈，感动、惭愧、心疼，一起涌上我的心头。

开　端

葛　妍

　　有人说生命的开端是白胖粉嫩的婴儿，是青涩娇小的初果，是新生柔软的绿叶，曾经，我对此深信不疑。

　　爷爷奶奶的家门口有四五株高大的樱花树。每年五一前后，树上一个个紧挨着的粉红欲滴的花骨朵儿纷纷炸开，满树鲜红，花影迷乱，美好得就像梦境。然而樱花的花期并不长，也就是一两个礼拜，此后樱花便稀稀落落地随风掉落。几日后，地上简直就像铺了一层厚厚的粉红色毯子。树上竟连花的半分影子都找不着，仿佛一觉醒来，梦霎时间烟消云散一般。一年中余下的时间里，樱花树便只能孤零零地立在道路两旁，守着人来人往车水马龙，干枯的树枝暗示着生命的枯竭，只有满地纷落的花瓣证明曾经的生机和繁华。

　　一转眼，一年又过去了。又近初夏，我来到爷爷奶奶的家。樱花却最大限度地惊艳了我。深褐色的枝头挤满了大大小小的花朵，粉色绚烂得直染天际，好似一片灿烂的云霞。走近细瞧，花朵绽放，娇艳欲滴，花瓣间藏着一个个饱满的花骨朵。手指轻抚，嫩滑的触感好似初诞婴儿的肌肤。微风轻拂，一两片花瓣轻轻旋转着，伴着绝美轻灵的舞步，落进我微捧的手中，晶莹如雪，细细碎碎。不知是否是我的幻觉，今年的樱花，似乎比去年的更为繁茂了，樱树默默积攒着近一

年的力量，包括零落的花朵，只为了在这时，燃烧生命，迸发力量，奉上一场绝美惊艳的盛宴。我想起去年那洒落一地的花瓣，为自己的叹息惆怅感到可笑。那不是生命的终结，而恰是生命开端啊！

原来，那些落红，静埋于泥土，最终成为生命的养分重回樱树之中，为生命又一年的绽放奉献了自己，同时也成就了自己。我相信那一树繁花必是上一年的花的灵魂的重聚和延续，年复一年的轮回着，使樱花花瓣的生气一分分沉淀。那些看似是生命的终结，本质上却是新生命的开端。

直到那一天，我才明白生命的开端是怀胎十月的母亲，是枯败凋零的花朵，是散落一地的枯叶……

拐　弯

于尤昕

外婆家有两个院子，前院栽着桂花树，后院则开垦种了几样小菜。当然，在紧贴着楼房的那一面墙上，还有着一丛不知名的藤蔓植物。

这株植物叫什么，从来没人去询问考证，也没人愿意去探究它的名讳。它自己也毫不在意，慢慢地静静地生长着，不需要任何的关注，也不像田里那几样小菜要人们精心呵护，就这么长着长着，在墙上漫开了一片耀眼的绿色。

它不似爬山虎，要生长便将枝叶向四面散开。它的生长方向是笔直的，尖端直指苍穹，牢牢地吸附在墙上，似一枝正在弦上的利箭，随时准备着刺破天际。它的主干下端为深绿色，到最尖端却转为了深红，极有情趣的色彩搭配既是活力的象征，又是力量的显现。它的枝叶均匀地分布在主杆的两侧，叶子最大则有巴掌般大小，根部凹进去，顶部凸出来，色泽是纯粹的鲜绿，不带丝毫杂质，表面像是铺了一层油彩，在强光的照射下还微微反射出白色的亮光，叶脉也因此分明可见，若是在盛夏，它的生命力便是极旺盛的，下一场雨便"咻"的一下蹿出一大截，为原本枯燥的小院增添了不少乐趣。

藤蔓就这样顺利地爬上了一楼的顶端，再度向二楼进发，到二楼中部时却遇到了一个难题。在藤蔓上空有一个巨大的空调外机悬在墙上，阻挡了去路，若是要向上生长，就必须绕过箱子或是越过空调外机，那这株藤蔓会如何选择呢？我不禁有些好奇。

静候了许久，我再来到后院，后院花圃里的小菜已经纷纷冒出了脑袋，生机盎然，看到长势如此之好的氛围，我便期待那藤蔓呈现给我的答案了，我转过身子面向墙壁，望向了那株植物。

呵！都说大自然是最有灵气的，果不其然！那株藤蔓在空调外机的底部分成了两路，一路向左，一路向右，拐了一个又一个弯，最终竟像给空调外机裹了一层绿色的边框，很是独特。叶子在外机的外围分散生长，到外机的最上部时，竟然又重新会合在一起，并成一束继续向上延展。仅仅是拐了一个弯，便使生命得到延续，道路得到拓展。拐弯，这是自然的智慧，同样也是生活的智慧。

也许人生的道路有重重山峦，但我们可以拐弯，成功的面前有硕大巨石，但我们可以拐弯，生活中出现了万丈深渊，同样可以拐弯。放弃直面的较量，而去迂回地解决，这是生活给予我们的独特的配方。

拐弯，不是懦弱，而是一种别样的勇敢。

行走在冬季

张 柠

　　清晨，老街的一切在晨曦中缓缓苏醒。照旧踏着斑驳的石板路走进光影迷离的小巷，不为赏老街风韵，只为寻找一对栖居老街的老夫妻。

　　那是一对卖煎饼的老人，鬓角斑白却精神矍铄。老爷爷健谈风趣，老太太温和内敛。与他们的闲谈中，我得知老人无儿无女，几十年居住在古巷，早晨卖煎饼，下午教其他老人唱戏。生活虽清贫，倒也自在充实。我叹服老人们的善良达观，更叹服这份物欲时代里清贫相守、朴实无华的家常幸福。

　　时光于波澜不惊间流逝，林花谢了桃红，夏蝉绝响，秋叶铺金，转眼已将入冬。那对老人早已成为老街一道最美的风景，于变化中坚守一份执着的不变。然而，在一个朔风乍起的冬日，向来风雨无阻的老人们迟到了。近一个月的等待，人们从诧异到失望，直至最终淡忘。可就在一月春寒料峭的一日，竟意外发现，沉寂已久的老街又升起了炊烟！依旧是原先那位老太，可鹤发童颜的老头却不见了。老太太似乎苍老了不少，额角的皱纹深得如刀刻，眼里依旧注满慈爱，却又似乎飘浮着一层薄纱，隐盖着眼底的脆弱。奇怪的是，从来不爱说话的她竟变成了比老爷爷更健谈的老人，一面麻利地做饼，一面亲切地询问。"奶奶，爷爷他——"我嗫嚅着问出了心头的疑云，却发觉那做饼的手微微一颤，"他去了。去年就查出了癌症，终究没能熬过冬天。"老太太沉静地叙说着，似乎在讲别人的故事，沙哑的声音很轻，却有种安详的力量，横亘着时间，消散于一月凛冽的风中。

一切重新回到原来的轨迹，我依旧常去买饼，老太太依旧微笑着迎接每一位行色匆匆的食客，依旧用温热的大手递上"嗞嗞"冒油的煎饼，依旧不时提醒你天凉添衣。喜人的是，回荡在老街上空的笑声，一日日愈加爽朗了。我相信失去了老伴的老太太一定能过得很好，她在施与温暖的同时也在为自己疗伤。因为，我永远记得那日她在递上煎饼时所说的，"为了老头子，我会好好过下去。"街角一簇迎春花绽出了新芽，春天，似乎不远了。

人生中避免不了冬季，你可以哭泣，可以脆弱，却不可以停止行走。这条路，或许孤独，或许蹒跚，但相信你第一千零一个脚印里，就藏着春天。

006

享受烟火气

王桑渝

古人春可芳草欢嬉，夏可荷塘采莲，秋可赏菊寻枫，冬可烹茶观雪，他们的生活中似乎从无柴米油盐之类的庸俗之物，如天上人间一般风雅、诗意。

而我认为，日常的动人之处在于一箪食、一豆羹，在于身上衣、篮里菜、瓜果米香。享受平凡的生活，方有人间真味。

院 外 景

午后刚开的黄瓜花因雨水而花了妆，小黄脸蛋皱皱地耷拉着，风一吹那花朵就又支棱起来，像一架安在藤上的微型留声机，好像随时都会紧上发条咿咿呀呀地唱出声来。唱的会是太公喜欢的越剧吗？

篱笆上紫色的扁豆，青绿的辛夷，仿佛都继承了老一辈人勤劳的本性，逮着个枝丫，便比着赛似的往上爬，缠缠绕绕地生长。

一阵风吹过，瓜果的甜香，携着朴素的烟火气，扑面而来。

窗 前 鸟

老房子有老房子的好，鸟儿住进窗前的树丛，与我久住成邻。清晨，阳光薄薄地晒进了枝叶里，团团片片，躲闪蹦跳，鸟羽一般。一树的鸟有几十只，在里面唧唧复唧唧，不知道是忙着复习考试，还是在吹吹打打忙着嫁娶。

这又忙又乱的景象，却充满喜气，充满平民生活的烟火气。

屋 中 人

祖母又挥着笤帚，在赶偷食玉米粒的鸡。她踩着针脚细密的布鞋，绕着场边跑着，嘴里虽在呵斥，脸上却带着慈祥的笑意。

厨房的炊台上，摞着新摘下来的茄子和丝瓜。这似乎是小村人的主菜，却因着祖母的巧手，我们总是百吃不厌。

妹妹坐在台阶上，在翻一本卷了角的连环画。凤仙花天真烂漫地开了一大片，我们扯上一大把，红黄白紫都有，捣鼓着准备包红指甲。

炊烟窈窕，世俗静好。

人非朴实不能久，与柴炊草木，相惜于日常，也不过看得世间平凡是最美。享受着烟火，于岁月深处寻简单欢喜。

如黄昏的一帘幽梦

周　洁

纤长的竹浆荡过碧水，风雨桥上铜铃脆响，不知名的鸟雀掠过帽檐，飞隐于远处的青烟。

轻风将我们带入古镇，趁着五一，忙里偷闲。感受着桐乡乌镇石板路的起伏与温度，阳光将景致勾纤入微，连那湖面的微波也拥有独特细腻的笔触。午时的阳光将远处石桥上漫步的人们制成剪影，还有那桥下穿行的竹船及船头挺立的水鸟。

行走于窄长的小巷，两旁的高高悬挂的酒旗轻荡于空中，郁青的爬山虎好似深涌的绿波，尽倾于斑驳的墙壁，卷缠上高翘的房檐。走几步便会在房舍间看到对面的廊街岸柳，许是暖风熏得游人醉了，不觉想寻处静地歇歇脚了，钻进闲适的茶馆，来上一壶上好龙井，一盘姑嫂饼，坐卧在镂空雕花木椅上，垂下眼帘，感受落地木窗外水的流动，阳光的流转。深吸一口龙井的清香，抿一口茶，含一口饼，让松散的酥甜与微苦的茶香碰撞，交汇，触动了味蕾的绽放。闭上眼，听呐，听树叶的耳语，听悠远的小调，听波澜的水声，听隐于树中的莺啼……抽出陈落于书架的书本，翻开折皱泛黄的书页，让书页吸饱阳

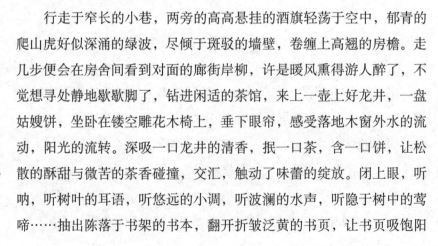

光与树影，让小巷的喧闹远离，不要停下心的脚步，不要放弃追赶翩飞的黄蝶，让时间静止，让夕阳的余晖将我们包裹。

华灯初上，伴着天际最后的一丝残霞，一切美得似梦境，流光溢彩，水中的投影与岸上的光辉交织成一片，水阁上传出的笛声，如一缕幽香，弥漫在乌镇上空，若不是一些特别的东西提醒了我，我还真以为走入了梦中的古代，行人车马，我似乎听见有人在悠悠地吟唱：

"东风夜放花千树，更吹落，星如雨。宝马雕车香满路。凤箫声动，玉壶光转，一夜鱼龙舞……"

月　光

王　迪

曾经有人说我狂荡不羁，有人说我心高气傲，还有人说我前途无量……

"呵呵……"我坦然一笑，我虽不是命运的宠儿，但我无时无刻不在扼住命运的咽喉，把握命运的每一次脉搏，不曾放弃。

又是这样一个有月无风的夜晚，坐在窗前，迎着月光洒下的光芒，我笑着对月亮说：永不放弃。

小时候我很讨厌学习，原因很简单，我的努力得不到应有的回报，学习带给我的只是巨大的失败感。从此，我对学习产生了严重的怀疑，我的成绩总是徘徊在班级倒数之列。

有一天晚上放学，我又一次左手拎着小坐垫，右手握着一支铅笔，迎着月光回到离学校很远的家。刚走到家门口，正好碰到做农活回来的爸爸妈妈。妈妈一看到我手里的东西，就知道我又不想念书了。在学校里，我最珍惜的就是妈妈亲手为我缝制的小坐垫，它是我在学校仔细看守的财物；而那支铅笔是妈妈给我买的第一支铅笔，所以我更是视若珍宝地保存着。于是每次我要辍学时，都只是带着这两样东西回家。

妈妈迅速走到我面前，我还没来得及看清她的眼神是否凶狠，妈妈就大力地从我手上抢来小垫，然后狠狠地摔在地上。小垫落在地上扬起了滚滚的尘土，看来这场战争的硝烟已然四起。这就是妈妈一贯的做法，从小到大她都是用武力来开导教育我的。

就在院子里，一个有月无风的晚上，倔强的我趴在院子里的墙头上，愤怒的妈妈从地上拿起玉米棒就向着我的屁股打了一下又一下……玉米烂了一个又一个，我的眼泪早已泛滥成灾，号啕声引起了家犬的共鸣，它也跟着叫了起来。

不知妈妈打累了还是玉米不够用了，也或许是因为我太抗打了吧，妈妈突然停了手，而且停了好长时间。我好奇地偷偷回头瞄了她一眼，只见妈妈坐在小垫上，眼睛湿润着，在月光的映衬下，她的双眼仿佛是一口永远也望不透的井，透露着不甘与失望。我一瘸一拐地走到妈妈身边趴到妈妈的身上，对妈妈说：我不哭，你也不哭，明天我去念书，我去念书……

只记得妈妈坐在那里很久没有起来，望着月光，凝视了良久。

第二天放学后妈妈把我叫到身边，给我读了一首诗——《悯农》：锄禾日当午，汗滴禾下土。谁知盘中餐，粒粒皆辛苦。

妈妈没有念过书，这首诗是姥爷教给她的。妈妈把我那支宝贵的铅笔削好，然后一笔一画艰难地将它写完，一字一字地念给我听，妈妈说："农民种地辛苦，以后你要珍惜来之不易的生活，爬出地垄沟，走出大山。"我咬着牙对妈妈说："我要考大学，带你到城里

住……”那晚的月光好美，亦是一个有月无风的晚上，我望着月光，守望着未来。

乡　情

张　熠

　　老家门前，有一棵桂花树。每到夜晚，散发出淡淡的清香，伴着外婆的童谣曲，为我编织一场场清香缱绻的梦。

　　花开了，我便知秋天来了。一簇簇黄色的花在枝头拥挤着，极力迎着阳光，将自己晒成金灿灿的。儿时，从屋中跑出，在树下仰着头，阳光便从树叶间隙跳下来，随着风的韵律，在地上起舞，与我嬉戏。这桂花香便从树上一缕缕地发散，与风儿一起远行。恍然间，生出一种仿佛已脱离俗世，进入仙界的错觉来。就这样，望着望着，等来了打桂花的日子。

　　打桂花并没有什么重要仪式，也不需要专业工具，将一张凉席平铺在树下，批一支细长的竹竿，看准花儿打。可是，我怜惜这树，从小便有爱美之心，不肯乱打，怕摧坏了这树，便像小猴子般在树上上蹿下跳，将桂花一朵朵地摘下，揣在袋里，再将袋子从树上扔下。外婆只由我去采摘，不加阻止。待桂花一朵朵地摘下，家中姑娘们的饰物又有了新花样。

　　将桂花用水洗干净，除去杂质。要用温水洗净，却不能泡太长时间，否则香味便随着水一起洗掉了。将洗好的桂花均匀地铺在凉席上，晒几天，晒到微微干，而香包的制作也就开始了。将香包的其他两面缝好，塞入桂花，再缝上最后一面，便做成了三角形。每每迎着风跑起来，这香味便会飘荡在四周，愈发香浓。有时，会别在腰间，用香气将衣服渲染，心情也随之被这桂花香味给染靓了。而外婆则坐在不远处的板凳上，笑眯眯地看着我跑远，转身间，夕阳将影子拉得很长，至少那时我很快乐。

如今，住在高楼内，门前被竞相绽放的樱花树取代。梦中，只有阳光下的桂花树。

有这样一种声音

杨子妍

有这样一种声音，它比任何声音都来得气壮山河，动人心魄，那就是黄河之水最湍急的地方——壶口瀑布。

暑假参加夏令营的我有幸来到黄土高原，见识了"传说"中的壶口瀑布。一路上，伴随着被晒得干瘪的山石和稀少的绿树。我们慢慢地向壶口瀑布靠近。我心想：到底是什么样的声音可以被称为"人间之绝响"呢？

刚跨出检票口的那一刻，隐隐约约听到"哗哗"之声。我踮起脚来向远处张望，只见一团呈黄色的水波如洪流般不停地涌动。越往前走，那水声越来越大，我的心也越来越澎湃！顿时，那水声大得震耳欲聋，耳朵里似乎全灌浇了这股巨大的声音，仿佛是一群脱缰的野

马从远处奔来，放荡不羁，没有任何力量能够阻挡它，约束它；仿佛是成千上万名天兵同时击鼓，纵有金钟罩，也难以抵御这股声波；又仿佛是百万雄狮被激怒，疯狂地吼叫，那吼声雄浑而又震撼人心！啊，这瀑布发出了天地间震撼人心魄的奇响，没过了世间所有的人喧马嘶！

被这声音深深震撼的我迟迟缓不过神来，抬起头，不禁大为感叹：这又是一个多么气势恢宏的瀑布呀！它就如同千万只猛虎，从天际奔来，前赴后继，锲而不舍，那样气势磅礴，势不可当；又如同一只只身强体健的黄龙，从天边猛扎俯冲入深涧，那排山倒海的场面无比壮丽，无比荡气回肠。"哇！"在壶口瀑布奔涌而下的那一刻，"哗——"的一声，瀑布之上顿时形成了袅袅白烟，宛如蒙上了一层白纱，溅起一个个小水珠，霎时间凉意袭面而来。

身处于这万马千军、龙斗山谷的雄浑交响之中，我的心在颤抖，我的大脑在思索：壶口瀑布那浑厚的吼叫声不就是在呐喊：中华民族会如这昼夜不息、滚滚而来的黄河水那样，欣欣向荣，强盛不衰！

013

那一次，我真后悔

陈雨沁

"天气预报说今天要下雨的，等会出门把伞带上。"
"今天要带伙食费的，昨晚放你抽屉里了，出门拿着。"
"出门多带件衣服，降温了。"

一句句唠叨交织着叫嚣着闯进我的脑中，大清早就被要求这么多，我的心中很是烦躁，怨气也脱口而出："知道了，真烦人！"母亲见此，待在一旁不说话。

出门时，我似乎是跟母亲赌气一般，又或是想向她证明我自己有判断，我看了眼她，又瞧了瞧放在门口那把已经有些坏掉的伞，露出了鄙夷的目光，头也不回地走出了家门。

到了学校，坐着，看着其他同学谈笑风生，心中总觉得少了些什么，又或是忘了些什么。"报到学号的同学上来交一下这学期的伙食费！"老师的声音在我耳边响起。什么？交伙食费？我有带伙食费吗？我的心中有些慌张，可一想到母亲，我的心中又突然平静了下来。她，一定给我准备好了。这样的想法在我脑中蔓延开来。

我镇定地打开书包，翻到以前母亲经常放东西的夹层，却不见伙食费的身影！怎么会？她不是一直都放在这儿的吗？我急忙开始翻箱倒柜地找，一次，没有！再一次，依然还是没有！

突然我的脑中闪过昨晚母亲因为打开了我的书包而被我数落的情景。"谁让你翻我书包的？你侵犯我隐私？"这句话回荡在我的耳畔。我突然又想起母亲今早说的话，而因为习惯了她的唠叨我根本没用心听。

我突然后悔起来，为何我就不能仔细听一次呢？也许，当我嫌烦时，她的心也会痛……

最终，伙食费还是没有交给老师，而我也不知道该如何跟老师解释。是我，是我自己忘记了，还怨在母亲头上，嫌她唠叨。这一刻，我的心中似有无数只蚂蚁在爬着，当老师指名道姓地说出我的家长极不负责任时，我的心一下跌到了谷底。想想母亲弱小的样子，不管对谁都没有埋怨，如此一来就被冠上了一顶"不负责任"的帽子，我开始自责。窗外孩子们开心的笑声，在此时我听来，都变为了讥讽。

放学了，天空中下起了小雨，然后突然就变大了，一滴滴雨水砸在地上，溅起一朵朵白色的花，也砸在我的心上，触动着心脏的疼痛。回忆起母亲的叮嘱，又想到她看到我淋雨后的担心，我开始后悔。

我总是不理解母亲的唠叨，可直到这一次后，我开始后悔，这暖心的叮嘱背后，不也是浓浓的母爱。

回到家，看见了疲惫了一天的母亲，我真想抱住她，对她说一句"母亲，对不起，我好后悔……"

那一次，我真后悔

陈润萱

我呆呆站在那里，像白纸般脆弱得不堪一击。耳畔萦绕的只字片语被一堵高墙置之于外。我后悔了。

2006年。那是我第一次见到她。她的右眼耷闭着，上眼皮紧紧覆住眼珠，左眼则深陷进眼窝里，浅灰色的瞳仁暗淡无光。她的皮肤很奇怪，不再是紧绷着，而是如同泡在水里的海绵，满是赘肉，垂在下面拉了好长，全挤在一起，显得整个五官都很拥挤，看上去一点儿也不协调。我看着她，有些厌恶，便背过身去。

"去啊，快握手。"我不敢伸手。

"真没礼貌。"我觉得委屈，无奈伸出手握了握。

那是我和她的第一次握手，也是最后一次。

转眼已经到了2013年春。

这天空气质量很差，天阴沉沉的，云层被大片大片的灰色侵蚀，如同风化的铅块，在空中凝滞不动。我拽着卷子步入门栏，心情颇为沉重。太祖母就坐在那儿，看着我一个劲儿地笑，眼边的皱纹全部扭在一起，笑得人心烦意乱。我坐下，并未吱声，拿起筷子的瞬间，她便一点一点地把凳子挪到我身旁，略显肥胖的身躯在太师椅上扭来扭去，发出聒噪的声音，一副很开心的样子。"太祖母好。"我头也没抬地说道，只顾扒饭。

碗里突然多了块肉。我的视线顺着肉滑落的轨迹移到她的那双沾满米粒的筷上，一股恶心感直冲肠道，血液噌噌上升。再看看她呢，满面春风。我有些恼火，强忍着一肚子的怒火，低头将肉夹走。她看着，又重复了一遍先前的动作。

"真不要，谢谢您的关心。"那一肚子的气啊，像水缸般在心里晃呀晃的，尽管如此，我还是很有礼貌地拒绝了。

她又夹了。我干脆抱怨道："您自己吃吧，我真不要。"话像是被空气吞没一般。空气中充斥着火药味，怒气一点即炸。"我跟你讲过多少遍了我不要，你夹什么夹？不知道我心情不好啊？烦死了！"空气突然安静。她低垂眉眼，夹走了肉。从那天后，我对于她的厌恶彻彻底底爆发了，我再也没去看过她。

"太祖母想你呢，她都病倒了。""我作业这么多。"我故意岔开话题。

"太祖母想你呢，她都换了几个医院了。""哎呀，我随时都可以去的嘛。"

"太祖母想你呢，你去看看她吧，等她走了你就后悔了。""别胡说八道好吗？我自己的事情不要你烦心。"

直至2013年末。

"你爸找你，阿七。"同桌不由分说，坏笑着一把把我推了出去。父亲站在门外，一言不发，只是看我的眼神怪怪的，像极了兵马佣。我俩就这样在走廊里伫立了很久，谁也没有说话，异常尴尬。他在等待。可他在等什么呢？我并不知道。等我想起些什么吗？我难道忘记了什么吗？我在时间的缝隙间行走着。我似乎，真的把什么重要的事物忘了。是，我忘了。我朝那个身影狂奔而去。"老爸我们今天去看……""你太祖母走了。"我扑了个空，只能抓住风。我愣住了，被时间拒之于外，碎片纷飞着，我跪下寻找着，企图把它们拼凑起来。

　　我全都记起来了。我怎么会忘记呢？我的太祖母很疼我。我记起她牵着我的小手走过马路，我记起她给我折展翅的纸鹤，我记起她给我讲那孙悟空大闹天宫的故事……人都是会选择性记忆的，可我怎么会忘记这么重要的东西呢？

　　我想在时光的尽头停下步伐，却抓不住生命，若时光可以倒流的话……我一定会好好陪着她，我一定不会这么任性，这么不懂事！

　　站在太婆的遗像前，我才发现打小我的太祖母就很疼我，我们之间的故事织成一条丝线，编出了我幸福的童年，可那那时我为何全然不知？

017

　　那一次，我后悔了。

那一次，我真后悔

王辰文

　　那年秋天，大片大片的黄色里不时夹杂了一簇残存的绿色，像一只卧在地上的老虎，皮毛在微风中一顺儿地摇摆。

吃过饭，我和小伙伴们一如既往地在田野里撒野。蹦的蹦，跳的跳，天边的白云像棉花糖，浸在我们银铃般清脆而爽朗的笑声中，也似乎有了甜甜的味道。

突然有个小伙伴提议开篝火会，没有一丝顾虑的我在大伙儿的起哄声中一时昏了头，也跟着他们一起玩开了。一个瘦巴巴的男孩儿从裤兜里鼓捣出一盒火柴，娴熟地擦一下，点亮了我们的顽心，其他的人则匆匆忙忙地拔着草儿。

火苗在众人的拥护下逐渐大了起来，红了起来，十来个小孩子手拉手地疯笑着。

时间飞快地流逝。

下一个瞬间，天边突然红了起来。本来弱小的火苗在风的协助下瞬间占领了一大片草地和一大片天空。白色纯洁的棉花糖焦了，天与地相吻的弧线吞吐着火苗。我们的脸全都红了，紧接着又全都白了。我紧闭着双眼，生怕火苗会从张开的一条缝中进入并吞噬我的身体。

"快跑！"只两个字，我再睁开眼睛的时候，只剩下我呆滞地站在原地。像一根木桩，一动不动地杵在那儿。

闻讯赶到的人们拿来盆、桶、勺，还有其他一切可以用来盛水的东西，拼命往火上泼水……在一阵忙活之后，火苗逐渐收敛了他的气焰，直至不甘地退出。

"这是哪家的熊孩子干的啊？"

"幸亏我看见了，要不这就要闯大祸了。"

"看你也不小了，怎么能做这样的事情呢？"

收拾残局的人们你一言我一语的笑声责怪着。我早已后悔地恨不得钻了地缝，脸是越发地红了，尽管这火不是我一人点燃的。

那一次，我真后悔。后悔，那个下午我们的贪玩与冲动；后悔，自己的无知与鲁莽。

那一次，我真后悔

朱　迅

　　说出口的话就是泼出去的水，想收也收不回。那次儿时一句脱口而出的谎言，使我的生命被污染了一丝黑暗，以至于至今都后悔不已。

　　那是七岁时的一天，依旧平淡无奇的一天，太阳正灿烂地高挂于湛蓝的天空，泼泼洒洒地透过巨大而透明的落地窗透进冷清的家里，在大理石上尽情跳跃。我百无聊赖地躺在柔软的沙发上，目光随着跳动的光点四处扫视，精致的小鹿装饰品，装着一家五口的相册，大大的液晶电视……

　　咦，那是什么？我懒散的目光瞬间有了精神——一个小巧却异常精美的玻璃小瓶，盛着淡黄色的液体，正透着阳光熠熠生辉。

　　"哈！有趣的东西"。我一个翻身坐起，快步走上前，先是细细地打量一番，抑制不住的喜爱与好奇从心底源源不断地涌出来。

　　"我就看一眼，肯定不会摔坏，"我嘟囔着，随即便伸出双手，万分小心地捧起小瓶，沁人的香气顿时飘散进了鼻腔，使身体的每一个细胞都平静下来。

　　我合上双眼，大口大口贪婪地呼吸这溢满香味的空气。直至这奇妙的香气逐渐散去，我才如梦初醒。眼前这个小小的瓶子，立刻成了

019

甜甜的杧果芯

宝贝，我颠颠地举着它原地蹦跳起来，表达自己的喜悦心情。

　　但坏事总在不经意间就发生，只顾自己高兴的我竟忘记手中还握着瓶子，微微松了开来，便是一声清脆的破裂声，原来淡雅的香气此刻如洪水般把我淹没。我不知所措地愣在原地，脑中满是地面上那破碎的玻璃与液体。

　　"怎么办怎么办，妈妈马上回来了！"我急得直跺脚，却又不知怎么办。

　　这时，钥匙插入门锁的声音响起，是母亲！我瞬间心跳如雷，竟待在那不敢动弹。

　　"朱迅！"熟悉的嗓音响起，我低垂着脑袋，心虚得不敢与母亲对视。像是知道了什么，空气在一瞬间凝固。"怎么回事？"依旧如春风般动听的声音，不知何时染上了怒气。

　　我心中纠结不已，说？还是不说？冷汗从额角滑落，我忽地抬起头，直直地撞进母亲微怒的双眸。"是，是隔壁的小妹妹刚才来玩，打……打碎的……"话音未落，母亲的眼神一下黯然失色，剩下的全是失望。我紧紧地抓住衣角，等着铺天盖地的责骂，却睹见母亲微紫的嘴唇张了张，终于还是叹了口气，转身离开。

　　多年后的现在，回忆起此事，内心除去溢满的悔恨，还有对母亲的宽容而感到的感激与惭愧。那一刻母亲满脸的失望，至今如一根针，刺在我的心上。那一次，我真后悔！

母 亲 的 书

陆映雪

屋内，鹅黄的灯光照在我苦闷的脸上，内心还在纠结着作文竞赛名落孙山的事情。

一转头，便看到母亲正捧着一本《平凡的世界》，"哗哗"的翻书声如一缕柔和的月光，轻轻地拥抱着我。

母亲每晚都会陪伴着我完成作业。在我印象中母亲总是那么安逸，手捧着书，还时不时喝上一口茶。想到母亲为我付出，想到此次落榜的作文，不知不觉鼻子开始酸涩，泪水竟然在眼眶里打转，我赶紧转回头。

忽然，我闻到身边淡淡的墨香。这时，有一只手有力地抚在我的肩膀上。转过头，母亲正望着我，那双眼睛犹如春天的阳光，温暖得让人忍不住永远沉醉在其中。

"孩子，你怎么了？"母亲问道。

"作文，我的作文没有被选上。"我无奈地应着。

"孩子，读读这段文字。"母亲将书按到我手上，一边说着，一边指着给我看。

"生命里有多少无奈和惋惜，又有着怎样的愁苦和感伤？……其实我们每个人的生活都是一个世界，即使最平凡的人也要为他生活的那个世界而奋斗。"朴实的语言，让我读起来却十分舒心，像是在夜空中划过一道闪电，整个人都振奋起来。

"为自己的青春奋斗吧，孩子。你前面甚至还有比这个更大的挫折，奋斗的结果不重要，奋斗的经过才最为精彩……"，母亲一边抚摸着我的头，一边语重心长地对我说着。温暖的话语，犹如点点繁星，在我迷茫的心中悄然绽放、闪亮。我的内心突然开始平静下来，不再烦躁，不再不安，不再失落。抬眼望去，窗外的月光似乎更亮了，那些星星，犹如黑暗中的明灯，默默地缀满夜空，闪耀着属于自己的光芒。

虽然所有事情都不能按照自己的愿望存在或实现，但母亲那夜轻柔的话语，那段平凡的文字，那缕悠悠的书香，将永远陪伴着我，度过漫漫人生之路。

022

甜甜的杧果芯

储 源

妈妈最爱吃杧果芯。

懵懂之时，我很好奇那果芯的滋味，便问妈妈："妈妈，中间那瓣甜吗？"妈妈抚摸着我的小脑袋，满眼关爱说道："甜——，特别甜！"我看着妈妈认真的样子，咽了咽水口。

时光慢慢地流逝，每每见到妈妈细细地咬着杧果芯，舔了又舔的样子，我总对那份特别甜的滋味充满了期待。

那天，我拗不过肚中的馋虫，试探道："妈妈，能给我尝一口吗？""不行！"回答简单、干脆。嗯！想来必定是人间美味吧！不然妈妈怎么会情有独钟？平日里，什么好吃的妈妈总是会都留给我？想着想着，肚子里的馋虫更是蠢蠢欲动。

机会终于来了，那天妈妈不在家，我心里不禁一阵狂喜。从冰箱里拿出一个黄澄澄、胖墩墩的大杧果，三下五除二便切去周围细腻多汁的果肉，那白皙、圆润的果芯儿便如同水中的一座岛屿静静地呈现在眼前，散发出浓郁的香甜味，让我垂涎欲滴！

我迫不及待地猛咬一口，"嘎嘣"，怎么感觉像咬在了果核上？原来，看起来挺肥厚的果芯其实没有肉。

我小口咬起周围的肉，发现里面都是一丝丝粗糙而密集的刺，果核中溢出一股酸涩的味道。我咽入口中，酸！从舌尖传来一股如生柿子般的涩味，顿时充斥着整个口腔，令舌头麻木干燥，引得喉咙生疼！

我怔怔得，难以置信，不禁思索起妈妈每次吃果核时的样子，那股酸涩之情瞬间涌上心头，眼里一阵湿润。舌间的麻木，比起我内心的震惊已微不足道。

妈妈口中的所谓的"甜"，脸上挂着的像吃蜜的样子，都是为了让我一直心安理得地吃那最香甜多汁的果肉！心里五味杂陈，感动、惭愧、心疼，一起涌上我的心头。可怜天下父母心，唯有儿女不知情！

母亲的爱伴随着儿女的一饮一啄，如那杧果的味道一般，芬芳甜蜜中藏着隽永绵长。母爱是最无私的，它等着我们这些儿女用一生去体会。

母亲的伞

王辰文

夜的黑幕落了下来，铃声如期响起。窗外不成雪的冷雨无情地拍打着玻璃。我拖着疲惫的身子走出校门，第一眼就看见了那把熟悉的、老旧的、已经不能准确表述颜色的伞。无数个伞花之间，那把伞异常突兀。

我低着头挤过人群，看到了那把伞下瘦小的母亲。她正惦着脚尖，伸长脖子张望着。我悄悄地走到她的身边，扯扯她的衣角，躲在她的伞下。

母亲用手臂紧紧地搂着我，尽力迁就着我的步伐，并把伞悄悄地往我这边斜了斜，生怕我被雨淋着。

伞外，雨水轻叩；伞内，温暖宁静。

寒冬的风没有一点儿人情味，一阵狂风，残忍地破坏了这一幅母女相依的温馨画面。低头看见母亲握着伞柄的手由于用劲太大，已经显出了惨白色。母亲用尽全身的力气迎风顶着伞，我俩蹒跚前行。又是一阵狂风，伞在痛苦的呻吟中折了一条臂。母亲把我搂得更紧了，她用并不高大的身躯挡在我的前面，衣服裤子已经湿了一片。雨水拍打着我的脸颊，与泪水在我脸上肆意地奔跑。

终于到家了，母亲小心地擦干净伞上的雨水，细心地修起伞来。

这是一把已经无法准确表述颜色的伞，伞面上依稀还能看见快乐的一家人的图案，每一根骨架上都被用花花绿绿的布头加固过了。母亲一边修伞一边自言自语："这把伞我用了十五年了，是我的妈妈买给我的，她常说'雨来了，伞花绽放；雨停了，伞功成身退；在下一个雨天，伞再次挺身而出。'你说，不是这样吗？"

我不禁沉思，这不正是母亲的写照吗？当我学习遇到困难时，是她帮我一起找解决的办法；当我考试失利时，是她一直鼓励我；当我和同学有了矛盾时，是她细声安慰我……

母亲总是这样，在我需要的时候，为我遮风挡雨，当我取得进步时她却只在丛中笑。

我暗暗决定，这把伞我也要一直保护好。因为，那是母爱，那是我无遮拦天空下的荫庇。伞下的天地很小，也很大；母亲的爱细微，也博大。

025

母亲的白发

江雨涵

我呆滞伫立原地，泪水模糊了视线。可母亲鬓角的白发却越发清晰。直到此刻，我才明白她为我付出了多少……

我与母亲又吵架了。

"快把你的房间给我收收好！你这还像一个女孩子的房间吗？乱得跟猪窝一样！"愤怒的她冲我咆哮着。

"我作业写完了就收，别烦我了，你快出去！"我不耐烦地回嘴。不料却引来了她更大的怒火。只听"唰"的一声，作业本、漫画、课外书齐齐飞到了地上，发出痛苦的呻吟。母亲只着我的鼻子，吼道"你收不收，不收我全给你扔掉！"我本就心疼那些躺在地上的"朋友们"再一听要扔掉它们，心下顿时生出一股无名火。

我手一拍桌子，发出一声巨响，冲她直吼："你凭什么扔我东西！像你这样的妈妈，我宁可不要！"

听到我这句话，正要发作的她突然偃旗息鼓了，悄悄退了出去，留下一个黯然神伤的背影。

母亲离开了，我却依旧在生闷气，心不在焉地翻着书。

忽然，一篇文章吸引了我的注意力——《妈妈是个不会升级的奥特曼》。文章作者的母亲和我的一样，脾气暴躁，不会打扮，不善于表达。又想起父亲曾经对我说过的话："妈妈这么对你，只因为她很在意你。"

一个个不曾在意过的细节，现在却令我眼眶泛红。人家的母亲打扮得光鲜亮丽，化妆品、衣服不停地换，可我母亲的化妆品就那么几支洗面奶，衣服也总是那么几件。她还年轻，鬓角上却早有了驳杂的斑白，眼角也早已爬上了细密的皱纹……这一切都是她为了我而付出的痕迹，我却不理解。书页上不经意间出现了一块小小的水迹。原来不知不觉间，我早已泪流满面。沾湿了书页，还有我那颗悔恨的心。

母亲在我身上付出了她的青春年华，我却一次次地伤害她。而母亲依旧不改对我的爱。

穿过母亲的白发，我读到的，是她内敛的爱与不尽的辛劳。

深处的光芒

王 泽

小时候，我曾想摘下夜空中的繁星。轻轻地伸出稚嫩的小手，妄想着点点星辰从夜空落下，融化在我的指尖。清风徐来，星光闪烁着，隐匿在梦里。

仲夏夜，萤火虫在田野间聚集，迷蒙着鹅黄的光。握一柄自制的网兜，蹑手蹑脚地蹲在田埂上，伺候时机，对着星星点点的光影乱扑一阵，看着渐远渐疏的萤火虫恼上半天。也碰巧捕获过好几只，用带孔的布袋装好，系上绳子，渗着如脂如玉般的光辉，隐隐的，像一盏不听话的灯。

可是，它们隔夜就死了。我木讷地坐着，仿佛失去了整个夏天。这样不和谐的音符，一夏天可能几度重现。在炎热的夏夜，常常浮动着一种淡淡的忧伤。

长大后的生活，是灿烂的，也是迷茫的，纷繁而杂乱的事物，好像夏夜的萤火虫，引诱着我向前，却在我抓住的那一刻，凋零在指尖。我在追求所谓光芒的同时，也在毁掉光芒的本身。这让我惆怅，像当初那个失去了萤火虫的孩子。面对这一具具毫无生机的尸体，暗自流下悲伤的泪水。

既然外处无法寻觅，那就回去吧，回到最初、最本真的时光。

好像无数枝向外伸张的藤蔓，一点一点地向内收缩，找回了它们的根基，回到了它们最初生长的地方。

曾有人说，每个人都是天上的星星，都在向外绽放着自己的光。我想起了三毛笔下的"江洋大盗"，处心积虑地从世间偷来了金玉其外、败絮其中的泡沫，却找不回属于自己的真善美。然而，我是否正是这样，一味地向外寻找，而恰恰遗漏了那嵌在灵魂最深处的光芒？

点一盏心灯，留一处灵魂的灿烂。不用在外苦苦寻觅，只需在心中独守一份独好。用手，拥护起来自内心的光芒。

我从未摘下过一颗星星，也未曾拥有一只为自己发光的萤火虫。然而，当我明白了这些，突然觉得拥有了整片星空。

意象温暖了我的岁月

丁锦晖

阳　光

光，从窗棂上射了下来，投在地面上，映出了物与物的黑阴与间距，但不掺杂任何思维加工过的杂质，只是简单的灰色影子，与金色的阳光。

光与影子从不交融，影子是光诞生的，光尊重影子，影子一如既往地黑，而随着时间的流逝，柔和、明媚、柔和，随心所欲。

光温暖了岁月，告诉了我尊重的奥秘和纯粹的人生。

秒　针

秒针木讷地转过一圈又一圈，它"嘀嗒"的声响里，无丝毫差错，每次行进即为一秒，一秒一秒地积累，成就了钟面上时间的流逝，最不起眼，却意义非凡。

在时间的长河中，秒针划过每一寸水面，社会也如一条长河，人不走过第一步何以顺流到大海。人如秒针，秒针如人。不积跬步，无以千里。

秒针温暖了岁月，秒针的木讷，却正是教育你我要踏实，一步步行进，并体味人生。

清　茶

一杯清茶在桌上，袅袅地冒着热气，杯底沉着几根茶叶，纹丝不动。那青葱的色，与质朴的香气，盈满胸腔，忍不住浅尝一口，却失望了。清淡的苦，让刚才的期望黯然失色，但不多时，嘴中却呕出了清香，脑中盈满了清茶的诱人。

清茶温暖了岁月，做人何尝不是如此，淡雅如茶；与你交游只有淡如水的感觉，但分开后却又满是回味与留恋。

炊　烟

炊烟从素简的青砖黛瓦中，倏地钻了出来，曲曲折折地升上了天空。

正如一起舞的女子，左右不定，潇洒快意，自然天成，就那样无拘无束，升上了天空。它不听从任何人的指挥，不依据任何一条"完美"的路线。就这样，一条白绸贯穿，弥漫在天空，消失于天际。

炊烟温暖了岁月，人也应像炊烟，有一条自己的路，去追寻自己的美好，跌宕起伏地度过诗意的一生，然后回归天空，回归本真。

……

许许多多的意象，从生命中被发掘、体悟，而后，默默地明亮了自己。

值得玩味

张舜禹

星期天，经过了一周的艰苦学习，身体总会有些许的劳累。什么也不做，就坐在窗前的木椅上，任凭温暖的阳光扑撒在自己的脸上，身上，不想什么令人烦心的事，看着碧蓝的天空游过的朵朵白云，放下了一切，随自己心，随心所欲。

此情此景，若是文人们，肯定煮一壶清茶，坐下来，沐浴阳光，品味苦涩。但我就像阳台中的一件物品，安静地坐着，岂不也是一种品味与玩乐？此时，我的脑海中会不知不觉浮现小时的画面：我和我表哥，并排坐在小椅子上，阳光如流水般，淌进了窗户，温柔地清洗我们的脸庞；身边的兰花，也在时光的洗礼下，熠熠生辉。而在木椅上的孩子，都已沉醉在了温馨的气氛中，童年的欢乐也溶解在如水的阳光中。

我外婆家的阳台，则与之完全不同，但同样令人玩味！

　　阳台是个露天的平台，有许多栽种的蔬菜。一阵绿意，扑面而来，蝴蝶纷飞，不时有肥肥的黄蜂趴在花朵上，一停下就懒得飞了。有时，我不顾地上有灰尘，仰面躺在地上。头上是一片天空，似大海一般，仔细观赏着风云变幻，身边仿佛传来了大地的脉动，这种奇特的感觉如同自己已经成为天空和大地的主人。

　　到了夜晚，这里又别有一番情趣，地上的余热还未散尽，却又有凉风拂过面颊，手持一小折扇，轻轻扇动，坐在阳台边低矮的墙上，晃动着双脚，下面灌木丛中的虫儿迫不及待地歌唱，风声沙沙，虫声悦耳，组成了大自然的协奏曲，这景色，让我不由得联想"银烛秋光冷画屏，轻罗小扇扑流萤"的诗句。

　　阳台，这个不起眼的地方，带给了我快乐和感悟，值得玩味。而并不是只有名贵的花鸟饰物才值得玩味，身边的事物，也是"此中有深意"啊！

你好，星星

　　你们一会儿这边消失了一颗，一会儿那边又出现一颗，像是在玩捉迷藏。我觉得你们是从那月牙儿上溜下来的。你们肯定无聊了，偷偷从月亮妈妈那儿逃出来了。你们眨了眨眼，是肯定我的想法吧。

你好，星星

孙　毅

　　我喜欢天空，尤其是夜晚的天空，我喜欢那满天的星星。小时候，我会想：星星上有小朋友吗？有小动物吗？现在我会想：星星自身会有生命吗？它们会听见我说话吗？如果能听到我的说话，那么，我会说：星星们，你们好！

　　天空中到底有多少颗星星？我坐在奶奶家的院子里曾经数过，看着满天的星星像一盏盏小灯笼，怎么也数不清。星星们，你们是一千颗，还是一万颗？我真的想知道。你们长什么样？你们有生命吗？你们是什么颜色？我真的很想知道。

　　记得小时候与伙伴们坐在乡下奶奶家门口看星空。那天的夜空，十分清澈，无半点云彩。我看着那弯弯的、雪白的月牙，心中想：嫦娥和玉兔还住在上面吗？那吴刚还在伐桂吗？如果广寒宫还在，那该多挤啊！我往旁边一瞄，呀，好多星星！你们眨着闪亮的眼睛，看着我们，似乎在说："你们在干什么呀，孩子们？""我们在看你呀。"我在心中偷偷回答。

　　星空不耀眼，却有无穷的魅力。你们一会儿这边消失了一颗，一会儿那边又出现一颗，像是在玩捉迷藏。我觉得是从那月牙儿上溜下来的。你们肯定无聊了，偷偷从月亮妈妈那儿逃出来了。你们眨了眨

眼，像是在肯定我的想法。

你们有生命吗？我想有。因为你朝我眨眼睛啊！你们还会玩捉迷藏呢！你们到底距离我多远？似乎近在咫尺，也可能远在千里。你们是什么颜色？我再怎么仔细看，可也看不出来。

夜已深了，孩子们都回去了。我打了个哈欠，伸了个懒腰，也回房去了。从此以后，每当我抬头仰望星空，看到你们调皮地朝我眨眼时，我都会在心里默默地念一句："你好，星星！"

真　相

束志远

在生活中，我们往往想把未知的事情查得水落石出。在星期天的下午，一件新奇的事发生在我的身上。

那天下午在家没事可做，我想做个小实验，于是找来了酒精灯，在家长的陪同下，我鼓起勇气，拿起打火机，呈三十度角，斜着打火机靠近了灯芯，"哗"，一股热气扑到了我脸上，酒精灯点燃了。家长告诉我不能向里面吹气，因为那样会使火苗蹿进瓶内，引起爆炸。火苗外红内蓝，在灯芯上跳跃，像在蹦床上的儿童，左蹦右跳，灵巧极了，不用担心它会灭掉。燃烧了一会后，我闻到一丝丝酒精特有的味道。

家长用手亲自演示给我看了一遍，告诉我手指放在火苗中央，速度来回划得要快。我伸出略微颤抖的手，鼓起勇气，在火苗蓝色的中间左右滑动，感受到火苗在舔着我的手指，手就像放在温水里一样，一点儿也不烫手，我将手指拿了出来。心想：为什么酒精灯的火苗会不烫呢？我查出了谜底，原来，火苗的中间部分叫内焰，温度中等，火苗的外层叫外焰，因为接触的氧气多，所以温度很高，而最里层，在灯芯上燃烧的叫焰火，温度较低。灭酒精灯要用盖帽盖灭，要"快、准、轻！"如果狠的话，火苗会窜入瓶内。用盖帽使火焰隔绝空气，火焰就熄灭了。

揭开事件的真相需要勇气，更要敢于尝试。

真　相

陆文彦

036

一件事，在我们没有弄清真相之前，我们是不能对它下什么结论的，这个道理是在发生一件事后我才彻底明白的。

我们班上有一位同学，在这儿我们就简称她是晶吧。她是一位十分节省的同学，每天都不舍得花钱坐公交车来学校，总是步行，每天的午饭就是白馒头和白开水。可是晶的家里一点儿也不穷，她的身上都是一些时尚的衣服，大家都不明白她为什么要那么节省。

有一天，一位同学说他在大街上看到晶，她把零零散散的硬币给了一位老奶奶，那位老奶奶是一个人生活，靠卖鞋垫为生。听了这些大家都很感动。那位同学又接着神秘地说："你们猜，那奶奶叫晶什么？""孙女！"我们全班顿时像炸开了锅一样，大家都觉得晶在惺

惺作态，她既然这么照顾她奶奶，为什么不把她接回家呢？还要让她一个人在外卖鞋垫？

听了这消息后，大家都觉得晶是一个装模作样的人，于是集体孤立了她。

直到有一天，晶像察觉到什么，迷茫又伤心地问："我到底做错了什么，你们为什么不理我？"一位同学说："街上卖鞋垫的老人是你奶奶，你怎么忍心呢？"晶微微一怔，才慢慢开口说出了真相。

原来那位老人有一个儿子，他当年为了送突发心脏病的晶爸爸去医院，在回头的路上出了车祸离世了。如果没有老人的儿子，就没有今天的晶爸爸，晶一家想把孤独一人的奶奶接到家里，可老人死活不肯，所以晶才每天放学去看奶奶，日子久了，老人自然把晶当成了新孙女。

在明白一切真相之后，大家都觉得很惭愧，因为误会了晶，大家又和好如初了。在听说这些以后，我们也经常和晶一起去看望老人，老人不再孤独了。

037

在我们没有弄清一件事真相之前，请不要胡乱猜疑，妄加评论，不然会造成意想不到的伤害。

又见枝头吐新芽

丁一诺

春天到了，万物复苏，秋天掉了叶子的树渐渐长出新的嫩芽，一切都生机勃勃。

我和她曾经是一对好朋友，好到形影不离，一起打闹，一起笑，甚至连上厕所都要一起。可是不知道是从哪天起，也不知道什么原因，我们的关系渐渐疏远，一天连两三句话也说不上。后来她转学了，更是几个月难见一面，手机里有她的电话，偶尔一次拨打过去，互相寒暄之后就陷入了一种尴尬的气氛中，再没有之前的亲密无间，最后只好匆匆挂了电话。我和她那代表友谊的枝丫在冬天的风雪里，渐渐挂上了寒霜。

我曾经以为我们的友情就这样结束了，以后很难再有什么交集。

那是一个平平常常的日子，和往常一样，我从书包里拿出书和作业开始写。就在这时，电话突然响了起来，出现在屏幕上的是一个许久未见的名字。我接起电话，原来是她忘记带练习册回家了，班上的同学都写完了。无奈之下，她只好打通了我的电话，想借我的去复印，我一翻练习册，正好我们那一课还没教完。她说："那我到你家来拿。"又接到她的电话时，她人已经在我家楼下，我拿着练习册下楼，打趣道："你总是这么丢三落四。"她笑着推了我一把。感觉我们俩的距离渐渐靠近了。

寒冷的冬天正在悄悄地走远，冰雪已经开始消融。

又过了一段日子，到了我的生日。那天下午，我正一个人在家，忘记了今天是我的生日。突然响起了一阵敲门声，我打开门，发现是我的好朋友："你怎么来了？"她故意嘟起嘴唇，假装不高兴："怎么，我不能来啊？"我赶紧侧过身，让她进门，就在这时，她把一直放在背后的手举起来，我一看是个纸盒子。好奇地问道："里面是什么"她说："你是不是忘了今天是什么日子？"我想了想，恍然大悟，然后感动得抱住她。我拆开盒子，里面是一个非常漂亮的小蛋糕，我们两个分着吃完了。

那一刻，我俩之间又回到了当初亲密无间的状态。

春天到了，又见枝头吐新芽。

高高的银杏果儿

吴倩雯

　　轻风掠过土地，卷起片片金黄的银杏叶，稀疏的枝头，绽放着白色的果，镶嵌在蓝天微笑。

　　每年银杏果成熟的时候，父亲总会去摘些回来做小点心。树有碗口粗，父亲找来废旧的木棍打果子，黝黑的脸涨得通红才打来些低处的果子，俗话说，手无过头之力，渐渐地，他的气力不足了，地上也有了些大小不一的银杏果。我弯下腰，将地上的果子捡起来掭在手里，感觉到的只是微不足道的分量，仰头望望那些在高处的果子，阳光在它们的缝隙中穿透过来有些刺眼，此时，它们还是岿然不动地待在那树顶，而底下的银杏果已被打得很稀疏，父亲丢下棒子，叹息地自言自语道："上头的长得真好呢，摘不到可惜了。"

　　我望着那高处的银杏果，心中不由得产生了敬意，它们将自己生长的起点定在树顶，那儿是烈日暴晒的地方，是受狂风肆虐的地方，也是获得最少的水分和养料的地方。它们为何要将自己的生长起点定在树顶呢？何不安逸的做个树底的小银杏果？难道它们是为了引人注目？

　　不，在真正的危险来临之前，那些饱受风吹日晒雨淋的银杏果早已将自己牢牢地长在枝头。当棍棒挥向树干时，低处的果子是显得那

你好，星星

么的猝不及防，它们用细小的臂膀抱住树干，却是无济于事，最终，树顶上那些无法撼动的银杏果得以保存……

我们，我们又将自己生长的起点定在哪儿了呢？在风雨来临时，我们是否只安于做庇护伞下的小银杏果儿？显然，这样我们永远也成为不了最终的王者，只有敢于挑战，给自己确立更高的目标和要求，在困难来临时不做退缩的懦夫，尽管可能路途艰辛，可能遍体鳞伤，却能笑到最后，成了那傲居树顶的银杏果。

看吧，蓝天下，树顶上，站得高高的银杏果儿，它们在笑！

这样的感觉真好

王　妍

040

这是一个清爽的周末，我随亲人在医院照顾病人。

病房的窗户已经被打开，我趴在窗沿上，朝东方望去，徐徐的暖风扑在脸上，我望着东边天上那抹被旭日染得深沉的红，那么热情，如少女清新朝气。

来之前，亲人曾嘱咐我，在医院要轻手轻脚，不要吵醒了病人们。

我默记于心。

医院是宁静的，只是偶尔传来病人家属来探望的话语以及电视里的广告声。这么清闲的一天也就过去了。

倒是夜晚，我坐在病房的椅上，值班医生和护士们在走道、病房间来回穿梭，也就多了些声响。

我注意到一个人，许是一个任职已久的护士，没有新来的护士那般拘谨细致，推车，走路，关门声音极大，时常有"砰——"一声穿透整个楼道，着实让人恼得很。

快到半夜时，我也几近睡熟，只听得门打开声便一下惊醒，坐了起来，病房里没有开灯，我揉揉惺忪的双眼，定睛一瞧，不是她还能是谁？

我有些焦急地站在她身边，她不曾打开灯，只是开了个小手电检查了一下病人情况，又小心翼翼地将病人身上的绷带整理一番，确认无事后便离开了。

我紧紧跟在她身后，担心她关门时声响太大吵醒病人。

她也不太在意，稍微拉了下门便转身到门外，眼看门即将关上，我急忙拉住门把，将它止住，却感受到门对面的一股力，我有些惊诧，松开了手，对面似乎也顿了下动作，但很快又回过神，悄声问了一句："怎么，你还出来吗？"我下意识摇摇头，也不知她看见没有，门缓缓地被她关上了，除了门擦过地面发出的一些细碎的小声响外，静得再无其他。

那之后，过了好久，我才明白那时她是为了轻声关门才拉着门把，再见她时我亦有些尴尬，心里多的便是对她胡乱猜疑的懊恼了。

次日清晨，我打开门，悄声走到她身边，旭日的光芒落在她白色的长裙上，宛若凡尘中的仙子，缥缈虚幻，徐徐的暖风吹来，拂过我的脸颊，这样的感觉真好。

你好，星星

与卓越同行

刘 越

> 时间流逝的目的只有一个——让感觉和思想稳定下来，成熟起来，摆脱一切急躁或须臾的偶然变化。
>
> ——题记

我曾经是一个成绩优异的学生，那个时候我心高气傲，带着一种初生牛犊不怕虎的劲儿参加了几场考试，成绩都很理想，更加助长了我骄傲自满的情绪，我那种目中无人的态度很快使我失去了所有真正的朋友。那时我还不懂什么是忠言逆耳利于行，耳朵里只容得下别人的夸奖之词，以至于后来我竟无比荒唐地认为，别人蹦跳着才能碰到的东西，我只需略一伸手便能揽得，抱着这种心理我又参加了一次考试，结果当然是以惨败收场。

这场考试极大地伤害我的自尊心，而更让我感到恼火的是曾经的那些笑脸现在都换上了一副嘲讽、鄙视的模样，这让我鼓舞起了斗志，一股急切地想要证明自己的欲望像是熊熊的烈火灼伤吞噬了我的心，几乎将我燃成灰烬。"我不甘心，我一定要重振雄威。"我这样想着，于是我每天都学到深夜，那种头昏眼花的感觉让我想呕吐，头皮上的刺痛感几乎要摧毁我的泪觉神经，但我告诉自己我不能失败，我全部的信念都集中在了远方那缥缈的而又无比鲜明，仿佛近在眼前的胜利的红旗。

可是生活永远不会按照预定的剧情发展，在接下来的一次考试中，我还是失败了，并且败得一塌糊涂。我变得沉默寡言，并且开始反思以前的言行，得到的答案却常常让我迷惑不解。直到有一天，我无意翻到妈妈的一本书，里面介绍了华罗庚的故事，他的努力，他的不幸与他的成功都强烈地刺激了我，也解开了这些时候我的迷茫与疑惑，使我重新燃起了对生活和学习的希望。合上书，一座精神的城堡在旧的地基和蓝图上拔地而起，直到这时，我才理解为什么有人说生命中最难的阶段不是没人懂你，而是你不懂自己。

我不再熬夜，却也不曾虚度一寸光阴，人忙起来往往顾不上单调，常听人说不知道如何打发时间，只是因为他们太有空了。我不再偏激却也不曾丧失一份热情，学习本身令我着迷，而所谓的排名与成绩则掩盖了它本身对人的吸引。我明白了什么是朋友，逢场作戏的人给予的不过是锦上添花的热闹，而心底的深渊始终只能自己临崖独立，与压力对峙，更感到孤独与痛苦。而真正的朋友会毫不留情地强迫你改正错误甚至是修正错误的苗头，而她也能在你最孤独无援的时刻伸出一双温暖的手。

然后，我便成功了，奇怪的是那些多个压抑的日子里，我梦寐以求的东西得到后却没有当初的那种偏执和自以为是的疯狂的喜悦。我学到了最重要的一课——在不利和艰难的渴望里百折不挠。我付得起这一份努力，经得起这一份成功。

感谢挫折吧，因为痛苦这把利刃一方面刺破了你的心，一方面砸出了生命的水源；感谢时间吧，它终会和你和解，让你找到自己真正喜爱的、值得追寻的东西；感谢努力的你吧，你是你自己的骄傲；更要感谢那些引导我们不断向上的灵魂——那些被我们称之为伟人的人，他们让我们与卓越同行。

我有我的精彩

王晨巍

我一直是个不被注意的孩子。我既没有俊秀的外表，也没有骄人的成绩，大家很少把目光停留在我的身上。但，我也有一颗要强的心，我曾无数次地梦见自己变成了一只白天鹅，可是醒来才发觉那只是个童话。就这样，在失落和无助中，我渐渐长大。

新学年开始后，我们班换了一位新的语文老师，她活泼开朗，总喜欢和同学们打成一片。不久，学校一年一度的演讲比赛就要开始了，按规定，语文老师要从本班选派两名选手参赛。

语文课上，同学们跃跃欲试，纷纷举手报名。受到他们的感染，我也想举起手来。可转念一想：就我这口才，就我这水平，老师会选我吗？于是，手举到一半，又立刻缩了回去，我装作若无其事地坐在那里。但是，老师敏锐地看出了我的心思，用手一指，对着我说："王晨巍，算你一个吧。"

我顿时惊慌失措起来，连忙摆手，结结巴巴地说："老师，我怎么……怎么……行呢？"可老师信心十足，态度很坚决："就这么定了！"

老师看着我，同学们看着我，我除了努力还能怎么办？从第二天起，我每天早晨五点钟就起床背演讲稿，晚上睡觉前，也不忘再来一遍。演讲稿背熟后，我又找来录音机，把自己的"实况"录下来，然后一遍遍播放，找出不满意的地方，反复修改。看到这种情形，爸爸妈妈都说我中了"神咒"，乌鸡要变彩凤凰。

很快，比赛的日子到了。台上，选手们一个个讲得绘声绘色，不时博得大家热烈的掌声。我又忐忑不安起来，"我能行吗？我还是偷偷溜走算了。"可是，一想到老师的信任，班级的荣誉，我告诉自己必须向前！

"请12号选手——王晨巍——上场！"主持人喊到了我的名字。我走到台上，紧张得头也不敢抬。我偷偷瞄了一眼台下，忽然看到老师正坐在台下，用期待的眼神看着我。我不知哪来的勇气，马上抬起头，饱含热情地把演讲稿大声"背"了出来，铿锵有力……

结果，我出人意料地夺得了桂冠。上台领奖时，老师拍拍我的肩，高兴地说："你真的很精彩！"刹那间，我的眼泪夺眶而出。

是啊，一直以来，我都没有给自己施展才华的机会，被自卑压制了个性。我现在终于明白：只要努力，我也有我的精彩。

045

昨日依稀

石长峰

微微的风，卷起厚重的空气，有些力不从心。房间里的光线暧昧，阴沉的天气吝啬地投进些许亮色。地上铺的瓷砖有蓝色和绿色相间的斑点，给人以冰凉的感觉。

你好，星星

矮鞋柜下有一双大木鞋。两块略显梆榛的木头，配以粗糙的麻布，便成了儿时夏日耳中的声音。大自然的产物与瓷砖、脚底的碰撞，凉凉的，硬硬的，嚼之生脆，余音绕梁。

想起穿这双木鞋的外公，深蓝色的大裤衩，白色而有些小破洞的背心。细长的腿，有些许青筋突起，宽大的肩膀，大大的手。外公就这样穿着木鞋"咔嗒咔嗒"走近，又"咔嗒咔嗒"地走远了。在这条时间轴上，我们无可挽回地继续向前，他却在一个时间节点停下，站立，坐着，蹲下，直至躺平。他的身影有些模糊。木鞋，它已缄口不言，在矮鞋柜下，像一对小船。

吊扇掀起一阵微风，记忆好似被卷起。书架上有几本图画书。浅显的文字，生动的图画，在无数这样的下午，在灰暗的光线里，撑起一方田地。幼儿园的我已略识字，却偏要拉着外公讲那些神话故事，外公便戴着他那副读写时用的老花镜，用手指着书上的字，一个一个念下去，一老一小躺在小床上，嚼着花生米，嘴里微咸涩而后回甘的味道蔓延开去，不知是来自食物，还是我那时对文学的第一感觉。我时不时看看图画书，又望望天花板，天花板上只有白白的一片，却在三岁孩子的眼中，映出五光十色的神话世界。

翻开书，偶尔能看到外公用红铅笔留下的字迹。他对每一个错字都不曾放过，但觉不妥，便细细地查找，翻看。犹记得小学刚学拼音的时候，老师要求给生字组词。于是，小小的查字典比赛成了我俩的保留节目。每每回到家，我们总是心照不宣地拿出字典，翻开书本，用四角号码和字母音节作为彼此的"武器"。在比赛里，他总是先拔头筹，可在与光阴的赛跑里，勤奋的他，却选择了黯然退出。

拉开抽屉，外公的一篇文章映入眼帘：

值此2012年新年之际，拙题"十要""十不要"，赠陈衍儒、石长峰俩外孙励学共勉之。

早餐要饱，不要挑食。上课要专，不要走神。不懂要问，不要怕羞。作业要抢，不要拖延。难题要攻，不要放弃。错题要温，不要再错。强项要稳，不要侥幸。交友要慎，不要滥善。为人要恕，不要小气。父母要顺，不要顶撞。

——外公卢光文题 2012年1月22日。

看到此处，才发觉外公已经离开我们四年之久了。

昨日依稀，再次在已有薄雾的镜片上重现。

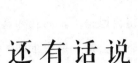

还有话说

苗 苗

今天，我和妈妈在超市购物，突然看见一位衣着光鲜的叔叔以极其优雅的姿势擦完鼻涕后，右手一扬，一松，将纸巾随意地丢在地上，转身便要离开。我暗自皱眉，心想：真恶心，擦鼻涕的纸就这样随手扔。我嫌弃地撇过头去，准备走开。而其他许多人也注意到了，他们有的看见了就当没看见，一副事不关己、高高挂起的样子；有的向那位叔叔投去鄙夷的目光；有的高声指责着："现在的年轻人可真讲个人卫生呀，不惜破坏公共卫生也要把个人卫生搞好！"可那位叔叔好似耳聋眼瞎一样，神情漠然地用手推了推眼镜，自顾自地挑拣着东西。

这时，一位阿姨走了过来，只见她身上穿着样式过时的洗得有些褪了色的衣服，但让人看着很舒服，衣领平整地翻在两边，上衣、裤子上没有一块斑点。就在所有人都向纸巾的反方向走去时，她却径直走向了那张纸巾，微微弯下腰，用手指轻轻地捏住纸巾，缓缓抬起身子。看不见她有一丝的厌恶，仿佛自己捡起的不是一张沾有鼻涕的纸巾，而是一件自己落下的东西。她默默地将纸巾扔进了垃圾桶，然后用她那透着淡淡的失望和无奈的眸子瞥了人群一眼，走开了，就像她来时一样悄无声息。

顿时，喧闹的人群安静了下来，而那位乱扔纸巾的叔叔脸涨得通红，紧咬着自己的嘴唇，不安地摆弄自己的双手。

我的心像被什么东西狠狠地敲击了一下：这位叔叔因乱扔垃圾而被别人指责，甚至不觉得自己错了。而我和其他一些人明明都知道他做错了，那为什么就没有人去捡起那张纸巾，只是一味地指责他呢？阿姨自始至终都没有讲一句话，可从她那最后一瞥和无言之举中，我却读出了她还有话说。

当今社会，碰瓷讹钱、做好事反被污蔑等事比比皆是，因此有多少雷锋望而却步，有多少见义勇为者流了汗，流了血，最终流着泪。从何时开始，社会中少了一份关爱与善意，多了一份冷漠和嘲讽呢？今天只是没人愿意去捡他人随手乱扔的纸巾，或许将来就变成了没人愿意去救一个落水的孩子……

阿姨的无言之举透露着她还有话说，而我也还有话说：如果人与人之间多一份真诚，多一份善良，多一份信任，那么整个世界会不会变得更和谐美好呢？

遇　见

刘婧文

正独自埋头流泪的我，似乎被什么吸引住了。

今日是中秋，奶奶招呼我和父亲下乡去吃午饭，图个团圆。奈何，我被厚厚的题海牵制住了大脑，一冲动，便执拗着不肯下乡，无论奶奶和父亲如何苦劝也不退步。一向随和的父亲第一次在我面前皱紧了双眉，奶奶更是又伤心又气愤，与平日里慈眉善目的她判若两人。

最后无奈的我做出了让步，才让还未燃起的硝烟平息了下去。但我仍是不情不愿，坐在父亲的电动车上，想着想着，小声啜泣了起来。中午的阳光炙烤着我的皮肤，那么刺眼，那么令人生厌。

本想着赶紧把眼泪擦干，别让人瞧见了心烦。可是少年那点儿卑微而骄傲的自尊心，却让我的眼泪怎么也止不住。直到过了那个路口的转角，那是一片还未开垦的荒地，公路两侧没有摇摇欲坠的小工厂的招牌，没有刺鼻的化工气味，没有飞扬跋扈的灰尘，在我眼前展现的俨然是一幅秋高气爽的长卷——

田中的稻子已日渐成熟，一阵风吹过就像荡起了一层又一层的波浪；路边小塘中的河水清澈见底，在阳光的映照下闪烁着零零落落的光晕。最吸引我注意的，是路两侧盛开着的各种各样的野花，它们颜色各异，形态大不相同，错落有致地盛开着。它们昂着笑脸，似乎不曾有烦恼，尽管是生活在这枯竭的泥土里，但它们却心甘情愿在生长在这里，共同迎着凉爽的秋风无拘无束地欢舞摇曳。

我突然忘记了哭泣，目光瞬间被眼前这一片花丛吸引，我似乎也看见了它们孱弱的身躯下那颗勇敢而又自由的心。耳边再听不见汽车呼啸而去的隆隆声，只有无尽的风声。那一刻，我遇见了它们，也遇见了内心深处的花丛。

突然好感谢春的信使，感谢她将生命错投在这里，让处在深秋的我得以与最美的风景相拥。车并未停下，风景也终究会淡出视野，也许下一次再从这里走过时，它们可能已经消失。也许这里很快就会变成工厂，这些生命又要被风儿带起，飞越天涯，开始新的征程，但那又如何？

生命永远不会止息，自由不会，梦想不会，也许你会像我一样，在这漫漫的生命长河中会遇到太多的抉择与痛苦，但请你忘记它们，在自己的心中种下这些如诗一样瑰丽的花吧。

愿你与我一样幸运，在这个明亮晴朗的中午，邂逅这片生机盎然的土地，然后遇见人生中最美丽的意外，最意外的美丽。

050

遇　见

王梦媛

相遇，也许是一种注定的缘分。

人与人的邂逅，我却与一个"可爱的朋友"得以相识，相知，相伴……

一个寒冬的清晨，我早早醒着。伴着几声隐隐约约的鸡鸣，我忍着寒冷起床穿衣，准备上学。吃过饭后，妈妈嘱咐着让我把垃圾带到楼下扔到垃圾桶里，我拎着最小的一包就朝楼下奔去。

天蒙蒙亮还弥漫着雾，我睡眼惺忪，打着呵欠，背着书包，拎着垃圾，一副无精打采的样子。只听"啪"一声，垃圾掉落进散发着恶臭的垃圾桶中，便再也与我无缘了……

这时，一声声酥心的甜音传到我耳中，我左右寻觅，有一个不起眼的瓦楞纸箱被放在大垃圾桶正后方，声音就是从那里传来的，一步一步靠近，稚嫩的声音也就越来越清晰可辨。"咪嗷——咪嗷——"那呼吸好像越来越缓，好似被这股寒气吹得无力了。

我打开那箱子一看，惊了，有三只猫咪紧紧相拥，凭着彼此团抱的热度活下来。那娇弱的小身子，纤细的一声声叫，令我心软又心疼。

"怎么办，好想养……可是……"经慎重地左思右想后，还是被残酷的现实给打断了，不忍地转身，很愧疚地念叨着："对不起，我帮不了你们。"此时心事重重，被这事一直压抑着，书包也越来越沉重。

天又昏暗了，我放学了，还是想起早上的事，不大放心，便去垃圾桶旁转转：箱子不见了！猫咪不叫了！一时无语，都怪我，如果我能够果断一点儿，早一点儿下决心，也许事情不至于此吧！

走上楼，我步履沉重，心情复杂。推开门，"喵——喵——"一下传入耳，我兴奋得几乎要跳起来，嚷着："是小猫！是小猫啊！"一听便提起神儿来，原来妈妈看三只小猫可怜，邻居领了一只，妈妈领了两只，也好让猫咪们有个伴。

看着两只可爱的猫崽在手里蠕动，心都被酥化了。

"能遇见就是缘，哪怕就匆匆一眼。"若能遇见，一定要把握好这相逢的缘分与契机，让遇见不留遗憾！

选　择

张泽语

　　冷风从旷野上刮过，裹挟着我的脸庞，一行大雁从远方飞来，顶着劲风，划开一道天堑——它们正在南迁。

　　鸟儿的南迁有异于北迁，大抵都带着些许凄凉悲壮的色彩。驱使着它们飞翔的，不是对春天的渴望，而是对寒冬的憎恶与恐惧。秋风萧瑟，迫于生活的选择，而振翅高飞，此情此景，如泣如诉。

　　然而，当春日的第一缕暖阳从空中洒下，无论多么苍老的候鸟，都难以压抑那厚重羽毛下悸动的心脏。它们对南方并不怀有一丝的眷恋，抖一抖身上的羽翼，便欣喜地、敏捷地、头也不回地奔向北方。甚有杜工部笔下"即从巴峡穿巫峡，便下襄阳向洛阳"之感。

　　起初我对此是觉得好笑的，甚至是不屑一顾的。何必呢？久居南方的鸟儿也并不是没有。为何不在南方安居乐业，享尽天年呢？我经常思索却始终得不到答案。鸟儿依旧在迁徙，日复一日，年复一年。

　　我想起了曾在我屋檐下栖息的燕子。秋去春来，总不急不缓地来到，点缀了那段时光的日夜，对于客人的来临，我心中不禁窃喜。然而秋天一到，它必准时离去，留下空荡荡的鸟巢供人凭吊，就这样，不怨不哀，度过它南北迁徙、忙碌的一生。

后来我去了一趟北方。不熟悉的瓦舍和格格不入的高楼，筑成了一个迷茫而陌生的世界。然而，在那丛丛落落的屋檐下，却挂着枝杈交错，枯叶杂陈的鸟巢，引我走回了我的家乡，那用不同的白杨树枝搭筑成的鸟巢，竟与我曾经看到的如出一辙。

鸟儿的北迁，是否是古人的怀乡？面对着温暖如春的南方而不顾，宁可为躲避北方而四处奔波，却依旧对着自己祖祖辈辈生长的地方不离不弃，这不正是古人笔下的怀乡么？

有一位马拉松运动员曾说过，痛苦不可避免，而磨难可以选择。这些候鸟，放弃了安稳的生活，选择去追随故乡，奋力生存，这诚然是可贵的。敬守气节的精神，连鸟儿都有，人类又怎能选择为五斗米折腰？这正是我们所应该去思考、去抉择的。

游石鼓山记

杨　凯

绿色的春天，希望的春天，激人奋进的春天。在这个生机勃勃的季节，我们踏上了梦想之旅——春游石鼓山。

午后的阳光温暖和煦，拂面的春风轻柔舒畅，聚集的师生激情饱满。随着一声"向快乐出发"的呐喊，我们高举自制的特色班旗，迈着矫健的步伐向石鼓山进军喽！路上嘹亮的歌声此起彼伏，唱响青春的旋律，炫出年轻的色彩！

近了！近了！远远地看见石鼓阁的轮廓，我们异常兴奋。第一站到达"周文化浮雕墙",一幅幅栩栩如生的浮雕,一句句绘声绘色的讲解,让我浮想联翩。四千年前,姜嫄脚踩巨人的足迹生下后稷,他擅长种植,成为农官,开始了中国农业发展的漫漫探索,也拉开了周人艰苦的历史征程。站在牧野之战那幅浮雕前,我眼前浮现出武王伐纣的情景,耳畔仿佛也响起了厮杀声……

拾级而上,我被五德园的雕塑群所吸引。在这里,我感受到"仁"的博大,"义"的崇高,"礼"的魅力,"智"的聪慧,"信"的真诚。我真想破解智园棋局中的奥秘!

转过两道弯,便来到了秦文化广场。我们在高耸的石鼓阁前齐诵《论语》,高歌《中华诵》,放飞"陈仓龙"。

石鼓阁内,全部都是石鼓文与石鼓的历史,可怎么也没见到石鼓呀。一问导游,原来在中央放置的十块花岗岩大石头就是石鼓。它们高二尺余,直径一尺多,每个重约一吨,上面还用四言古诗歌咏了秦国君主游猎的情况,可惜篆文我都不认识。从讲解中我了解到石鼓文化是秦文化的有机组成部分,是秦文化的精华。它不仅为我国文字学、文学、史学、金石书画艺术等保存了难得的实物,而且为探讨汉字发展的轨迹,研究周秦时的政治、经济、文化、生态环境提供了重要史料。

走出石鼓阁,我们在秦文化广场合影,让这难忘的旅程永驻心间。

这是一次领略渭水风光的魅力之旅,感悟周秦历史的文化之旅,陶冶人文情怀的心灵之旅,播撒梦想种子的希望之旅!

为"中国味道"点赞

李玉茹

"好吃又好玩，纯正的'美国味道'！我点赞！"大大的液晶屏上，一个小男孩儿拿着一块巧克力神气活现地做着广告。

一旁的表弟"咯咯"笑着，从冰箱里拿出一小袋"美国味道"，津津有味地吃了起来。我好奇地问："真有这么好吃吗？"弟弟咧嘴一笑，学着电视里的模样说："当然啦！纯正的'美国味道'，我点赞！"一旁的我却有了一种异样的酸楚，这样的对话，不止一次听过。但是，连这么小的表弟也有这样的看法了吗？

巧克力为什么好吃？因为是"美国味道"？如今的孩子，都在口口声声地喊着："美国味道。"这算是他们的错吗？又何止是这些孩子，买电器、买汽车，一定会有人告诉你："快买吧，这是美国进口的呢！"哪怕是付出高额关税。每次有亲戚出国旅行，我也能收到好多国外的洗发露、饼干、泡菜……甚至有人认为外国月亮都比中国圆！

"美国味道"一定比"中国味道"强么？美国的历史如此短暂，我们中国有源远流长的历史，从自耕自种的简单米饭到精致的皇宫配菜，我们的味道经历了无数次改变和融合。中国的菜肴，在世界上可是赫赫有名！唐人街的中国餐馆可是日日人流不息啊！

"国外东西好"这个观念似乎已经根深蒂固，但事实上，中国有更多使别人艳羡的东西。全球各地的孔子学院、唐人街熙熙攘攘的外国游人，甚至连《源氏物语》里都承认"大唐繁华富贵"。

中秋节的晚上，和小表弟一起赏月之时，望着他认真啃咬月饼的可爱模样，我又想起他的"美国味道"，我拍拍他的肩："比起你的'美国味道'巧克力，哪样更好吃？"

表弟歪头想了一会儿，做了个鬼脸："还是'中国味道'好啊！纯正的'中国味道'，我点赞！"我们的笑声久久回荡在这月夜，月亮也随着两张笑脸明亮了起来。

没错！"美国味道"吃多了，还是觉得自己的东西好啊，在每个爱国人的心里，只有"中国味道"才别具滋味！

"百丈竿头须进步"，为"中国味道"在未来的越发美味，点赞！

056

为这份韧性点赞

孙逸翎

奶奶家的院墙上有许多花。春天，迎春花，山茶花，丁香花，争奇斗艳；夏天，凤仙花，竹石花，鸡冠花，美不胜收；秋天，玉簪花，菊花，凄清动人；冬天，蜡梅花，一枝独秀。一年四季，花开花落，万紫千红。然而，在这样一个花团锦簇的院墙边上还生长着一株小小的仙人掌。它是那么的朴素，那么的不起眼，但我却很喜爱它。

很久以前，它就一直待在那个小小的角落里。最初，我并不喜爱它，看着它那浑身像刺猬一样难看的刺，甚至有点讨厌。因为它比起院里其他的花，真是太平凡了。那时能看它一眼就已经是我对它最大的施舍了。但经过了那件事，我改变了对它的看法。

那是一个夏日的午后，是一天之中最热太阳最毒的时候，院墙上的花朵朵都蔫头耷脑的，花瓣干得皱巴巴的，只有仙人掌却依旧精神抖擞。我不顾强烈的太阳光，给花儿们搬得搬，浇得浇，忙得不亦乐乎。但唯有仙人掌我没有管它，任它自生自灭，这东西这么难看，又浑身是刺，我才懒得管它，万一扎了我，岂不是得不偿失。就在我忙得满头大汗，准备回去休息时，"咚"的一声闷响，把我吓了一跳，紧接着就是泥石滚落的声音。我一回头，种仙人掌的泡沫盒从院墙上摔了下来，土撒了一地。那一刻，我很开心：仙人掌死了，就可以在院墙上多放几盆漂亮的花了。

过了一会儿，就听见奶奶的声音由远而近地传来："哎哟，我的花都被你们打翻了！你们这些调皮鬼。"我打开院门，原来是门口的几个小男孩干的好事。见我出来了，奶奶不再管他们，回到家，把仙人掌移栽到新的花盆里。

说来也怪，这仙人掌从三五米高的院墙上摔下来，有的都摔裂了，还有，奶奶在为它移栽时，被扎到了手，肿了好大一块，妈妈就用刀割下一块仙人掌果肉，抹在奶奶的伤口处，居然消了肿。我以为这一次仙人掌是难逃一死了，因为它生生地被切下一块。可是没过多久，这仙人掌居然又活过来了，被妈妈用刀割剩下的半个仙人掌也"痊愈"了，而且越长越好。

我被它那顽强的生命力与难得的韧性深深地打动了，我喜欢上了这种坚强的植物。

你看，阳光下的仙人掌，它挥舞着利剑顽强生长，蓬蓬勃勃。它给我以力量，鼓舞我前进，我要为它点赞，为它这一份韧性点赞。

那天雨一直下

张岚祥

坐在窗前，望着窗外一直在下的雨，不禁想起那一段叛逆的点点滴滴。

"我没错！你们冤枉我！"我愤怒地打开门，不顾外面的雨势就跑了出去。

雨珠从天空中坠落，无情地钻进我的衣领，天空中不时响起几声沉闷的雷声。

用力踩着路上的水坑，望着飞溅的水，内心满是对父母不明事理的怨恨。

雨还在下，我停下了脚步，抬起头，望向天空，厚厚的乌云聚拢着，闪烁着几丝耀眼的电光：大雨就要来了。

我不得不面临选择：要么回去，向父母认错，揽上那不明不白的罪名；要么继续这样茫无目的向前跑，一直等父母来向我道歉。

"我没有错！"我强调一声，于是继续跑，直到鞋子里灌满了水，才不得不躲在一个电话亭里。

大雨落下了。颗粒大的雨珠敲打着身旁的玻璃，电话亭里满是雨滴的声音，不禁让我害怕起来。

"不，我没有错！"我再次确认心中的想法，将闪过的一丝后悔

的意识无情的抹除。

风刮越刮越大，眼前不时有在地上打滚的树叶和树枝，电话亭晃动得更厉害了，风不断地从缝隙中钻进来，我冷得缩紧了身子。我该怎么办呢？

最后一盏路灯熄灭，世界被黑暗吞噬，雨还在下，风还在刮，我还在电话亭中固执地站着。朦胧中出现两道光，好像看到两个熟悉的身影，好像听到熟悉的声音。人影走近，我终于看清了两人的面庞——爸爸、妈妈，妈妈焦急地叫着我的名字，抚摸着我的额头。爸爸毫不犹豫地脱下身上的雨衣披在我身上，小心地拥着我，缓缓朝家走去。

当我感知到暖和时，已在家中，望着一脸焦急的父母，我不禁意识到自己真的错了。错在固执，错在自私。

那天，雨一直下。那天我没有等到父母道歉，等到的是值得一辈子珍惜的爱。

059

那天雨一直下

张若妍

那天，出了门，天空中飘着细细的雨丝，如细针，如牛毛，但丝毫没有影响我快乐的心情。爸爸幸运地获得了几张自助餐券，邀请我们全家一起去吃自助餐，这可把我乐坏了。

到了自助餐厅，看着琳琅满目的各种食物，令我这位吃货垂涎

你好，星星

三尺，我与弟弟立马奔上了美食。拿了一大堆我爱吃的，吃得不亦乐乎。正当我们一家吃得其乐融融之时，一声清脆的玻璃打碎的声音惊到了我。窗外的雨似乎更大了。

转头看去，只见一位女服务员蹲在柜台底下，握住流血的手指不知所措，面前的一堆碎玻璃片，是那样刺眼。我看了看周围的食客们仍谈笑风生，似乎并没有听到玻璃碎声。一位又一位身着深蓝色制服的服务员，从柜台旁走过，一位又一位端着食物的顾客，从柜台走过，女服务员依然蹲在那儿。窗外的雨大了，打在窗户上噼里啪啦，我已经无意再吃，就这样我看着那无助的身影与来来往往的人群，有种信念，促使我想去帮她。

这时，有一个声音在旁边响起："妈妈，那位大姐姐怎么了？"稚嫩的声音出于一位七八岁模样的小女孩，窗外的那一阵雨，似乎也过去了。"宝宝，别管人家，是她自己不小心。"这冰冷声音是从那被称为"妈妈"的女人口中说出的，我在心底冷笑了一声，原来还是这样。我鄙夷地看着所有人，甚至我的家人。窗外的雨又大了，那雨声让人心惊。

我正欲起身，一双大手却摁住了我，是爸爸！我以为他也要阻止我，只见他招招手，叫来不远处的经理——一位体态丰盈的女人。爸爸与她讲述了情况，经理便带着那瘦弱的女服务员走了，我看着继续用餐的爸爸，又看看周围"贵气"的食客们，突然感觉到外面的雨小了，爸爸身上散发出暖人的光。

那天，雨一直下，那是天在为那些冷眼旁观之人落泪。

那天雨一直下

陈　娟

　　或许人人都认为雨只能代表悲伤，可我却觉得，它就像一支静静的摇篮曲。

——题记

　　在淅淅沥沥的雨声中，我睁开了惺忪的睡眼。抬起头看看窗外，纤细如针尖般的雨丝，从空中飘落，安静得像一个个天使，投入了大地妈妈的怀抱。

061

　　还在为考试忙得焦头烂额的我，心中竟有一股淡淡的愁绪。咦，妈妈去哪儿了？

　　正在思绪混乱的时候，急促的门铃声响起，我三步并作两步跑去开门，门前的情景使我惊讶：只见妈妈手里拎满了菜，头发湿漉漉的，还在滴着水，衣服也几乎全湿了，我赶紧接过袋子，拿过一条毛巾，一边帮她擦衣服，一边小声地抱怨道："你也真是的，出门连一把伞都不带。"

　　她擦着潮湿的头发，像小孩子似的嘟着嘴："我以为只有小雨而已，谁知道……"没再继续往下说，忽而她又惊喜地说："我买了你最喜欢的黄鱼哦！"说罢，就像得到糖果的孩子一般兴奋。我愕然，喉咙里干干的，想说却又说不出来。刚帮她弄好，她就兴致勃勃地弄菜去了。

站在窗前，雨依旧在下，而且下得更大了。我直接忽视它，告诉我自己说：妈妈整天为我忙里忙外，这次考试我一定要竭尽全力！

中午热腾腾的黄鱼上桌了，顶不住诱惑的我急忙开吃。偶尔一抬头，妈妈却在一旁，喝着番茄汤，我连忙夹了一块黄鱼放入她的碗里，而她却说："我不爱吃。"又夹回了我碗里，我忍住泪，因为我分明看到了她眼中的关切。

午饭后，瞧着外面，虽然还下着雨，但我的心是暖暖的。我走出房门准备倒水喝时，却发现妈妈竟在沙发上睡着了，我蹑手蹑脚地为她盖上被子，她却丝毫没有察觉。

晚上独自一人窝在被窝里，静静地听着雨水滋润着万物的声音，殊不知，也滋润着我的心。愿这雨就这样下下去，在爱的怀抱里听着摇篮曲慢慢入睡。

062

还有话说

韩一舟

九月的阳光透过繁茂的绿叶洒在身上，没有了夏日那般炙热温度，而是多了一丝轻柔，我又一次走过那条小路上，空气中弥漫着香樟树那淡淡的清香，一阵微风吹过，几片叶子在空中打着旋儿，飘落至地，时光如同流水一般在指缝间悄然流逝，昨天似乎还是蝉鸣仲

夏，而转眼今天已是落叶金秋。无意间，再一次看到了那棵高大的松树，一切都如同往日一样，只是岁月在它那粗壮的枝干上留下了一道道深浅不一的裂纹，我望着它，思绪又飘回了从前。

想起刚入学时，我将幼儿园得到的小红花贴在你的枝干上，我在你那粗壮的枝干下玩耍、嬉戏，累了便倚着你，小声地向你诉说发生的趣事。而你，如同一位忠实的伙伴，在那里静静地聆听，那是的时光是多么美好。

后来，我有了红领巾，我将它系在你的树枝上，每当烦恼时，我会跑去找你，在你身边发牢骚，将不开心的事说给你听，此时的你，会用那如同温暖的怀抱般的树荫将那弱小、无助的遮阴挡阳，帮我驱散伤心的阴霾。

六年级的一场分班考试，因失手而郁闷，跑去找你，那天雨下得很大，雨水打湿了我的衣服，我坐在你的旁边，打着哆嗦，不停地哭，呜咽着对你倾诉，你那巨大的树冠如同是一项巨伞，为我遮风挡雨，我很担心，担心回家怎么和父母交代，我多想使自己的心平静下来，雨水打在你那茂密的枝叶上，发出"哗哗"的响声，这似乎是你在给我的安慰——"孩子，别怕，加油。"

063

如今，快要毕业了，我去和你道别，蓦然间，一片树叶飘然而下，我弯下腰，拾起那片落叶，将它夹在书中，我会好好珍藏，在未来的某天，将它拿出，再次来到你的身边，因为我们还有话说。

脚步从未停歇

　　放眼自然，季节的脚步从未停歇。

　　季节的脚步从未停歇。我踏入春天的深山，去感受那春的气息。山谷中，一阵阵早春的寒意袭来，夹杂着一阵阵寒风，吹打着刚长出嫩叶的草儿。草儿从石缝中探出头来，和其他的同伴一起，迎接清晨的第一缕阳光。

美丽心情

孔佳树

夜深了，月亮也躲进了云层中，悄然睡去。而我却还在为期中考试而拼命复习着。

我埋着头在题海中畅游，不知疲倦地刷完一张张试卷。脑子中一片混沌，只有一个字，不停地回荡——写。这时房间外传来妈妈的声音："儿子，要不要喝杯牛奶？"我舔了舔早已干巴的嘴唇，没有作声。

不一会儿，门被悄悄推开了，耳畔传来妈妈有点儿疲倦的声音："我给你冲了杯牛奶，快喝吧！早点睡吧！别太拼了。"思绪被打断，大脑愈发胀痛，不知从哪里来了一股无名怒火，我用略带沙哑的声音大吼了出来："你能让我安静地做一会儿题目吗？烦死了！"妈妈一下子怔住了，轻叹了一口气，将牛奶放在桌上，便出去，门轻轻关上了。

不知过了多久，也不知又写了几张试卷，我有点儿渴了，望着妈妈端来的牛奶我却一下子推开了，出门去拿水喝。打开门，一阵咳嗽声从妈妈房中传来，"妈妈还没睡吗？"我推开房门，妈妈正坐床上，手上拿着一本书，见我进来，她抬起头，满是心疼地望着我，眼角有些下垂，眼中布着几根血丝，"有什么事吗？"她依旧用那么

温柔的语调问我。"没什么，看见你房里还有灯，认为你睡着忘记关了。""快去写吧，你不写完我怎么能睡呢？"一瞬间我怔住了，千言万语涌到嘴边，但没有说出口，只说了一个"嗯"，便回到了房间。

我再次坐在那张堆满试卷的书桌前，望着杯中纯白的牛奶，我微微一笑，端起一饮而尽。

一股清香在口中蔓延开来，虽然牛奶早已冷了，但妈妈对我的爱和关心，却如火一般温暖了我，牛奶顺着喉咙向下，一路洗去了我的烦恼。

心情变得美丽起来，我提起那放下多时的笔，继续写着，房间只剩下笔尖与纸面接触的"唰唰"声。

美丽心情

钱涵涵

一天清晨，迷迷糊糊刚刚睡醒的我感到身体不适，您一摸我的额头，可能被那发烫的温度吓了一跳。是的，我发烧了。您什么也没有说，只是默默地替我收好书包。

头部的高温，令我难受，身子一点儿力气也使不上，一阵一阵的头晕让我失去了重心，感觉眼前有一片黑影，我撑着脑袋背上书包下了楼梯，慢悠悠地上了车，坐在后座的我接过雨披，心情一阵烦闷，好像有一块大石压在上面，让我喘不过气来，眼前的一切，都暗了下

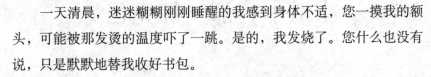

来，胸口闷得让我想吐。

风儿从耳边呼啸吹过，雨水洒下，是那么的毫不留情，我靠在你的后背上，一丝温暖也没有。快到学校时，您的车速慢下来，周围的行人都超过了我们，我没有说话，靠在您的背上，闭上眼休息一会儿。

一闭上眼，头疼的症状有所减弱，我自然有了一些精神，我反问开车的您："为什么这么慢？不能快点儿吗？"

您愣了一下，小心地回答："我，我想让你多睡会儿。"

这一句不超过十个字的话，却深深地打动我的心，好像快干涸的土地有了水的滋润，一下子有了生机。我凝视着这个背影，不高大，但却有无穷的力量，这让我豁然开朗。我将头靠在你的背上，一股温暖油然而生，快速流经全身，让我顿时有了力量。

我在思考：也许我能睡的，只有不到十分钟，但这个不到十分钟的时间却是母亲所能倾尽其所有而化成的，这难道不是最令人感动的吗？

想到这里，胸口上的大石也没了，精神也有些恢复，我重新振作了起来，看着您充满希望的眼神，我的心间有了一丝美好。也许母爱就是如此，美丽的心情就在这些平凡地感动中。

生活中，那一抹亮色

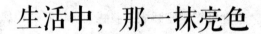

韩一舟

因为一些琐事的烦恼，我随着父亲在清晨登上山峰，清晨氤氲的雾气还未散去，东方的天际，只有一丝微光隐隐跃动。

蓦然间，发现了一家茶室，推门进入，茶室的主人是一位慈祥的老爷爷，茶室的摆设有些陈旧，似乎是经历了岁月长河的沉淀。

我临窗而坐，老人问我想喝什么，我没有思考，只是随便说了句："什么都行。"

很快，他端给我一杯清茶，茶杯是厚重笃实的白瓷，口径很小，一只手刚好能握住。

茶没有什么特别，混着新沸的水，热气沿着杯口在空中打着旋。

没过多久，茶叶如同老树吐芽般，俏生生地挺立在水中，茶叶逐渐展开。

轻轻抿上一口，清香的茶味在口腔中散开，似乎呼吸到采茶女附身采集下的那个春天的气息。

不知过了多久，金乌升至头顶，阳光吹散了一树的金纱，氤氲在林间的雾气，随之消散，阳光瞬间照在杯子上，杯中的茶叶似乎闹得更欢了。

突然竟有一丝明悟与感动，很想为它命名，望着杯中那抹新绿，不如叫它一抹绿吧！

那一抹绿色，是生命的新绿，是希望的绿色，茶叶阔别了春天，一直盼望着能再次绽放它的生命，它借助茶水，又一次回到了春天。

看，它们在笑啊，那抹绿在白瓷的映衬下，更加明亮，更加耀眼。这抹新绿，是茶树的沉淀，在岁月的沧桑中，绽放了它的生命，它的期盼也在今天得以实现。

端起茶杯，轻吹，散了朦胧，茶叶在水中上下游走，那浓浓的清香萦绕鼻尖。

那抹绿，更加鲜亮了，突然觉得它是生命的积淀，希望的化身。

难忘那一抹亮色，它如同是黑暗中的灯塔，指明了前进的道路，为我的人生，也添上了一笔亮色。

寻找绿色的世界

赵晨睿

课后，我来到草地上散步时，发现了许多奇妙的小生命。

这是一些有着三片叶子的小草，这些小草颜色碧绿，每片叶子像被折过一样，中间有一条折痕。只见那一大片一大片的草，在风中摇摆，露出灿烂的笑容。

我便把同学们都召集过来，同学们都无不为这景象而感叹。同学们都伸出手去采摘。突然，一个同学叫道："快看呀！我找到了一株四叶草！"我们便都聚拢过去，真的是一株四叶草，这四叶草一看就比那三叶草要"高端大气上档次"，不仅有四片叶子，而且每片叶子还呈心形。曾经听老师讲过，四叶草是幸运、幸福的象征，找到了四叶草就是找到了幸福，做什么事都是一帆风顺。我们便对这位幸运的同学投来惊讶的目光，这位同学也就情不自禁地露出了得意的笑容。

此后，班上就流行起寻找四叶草的活动。不管是下课、中午还是体育课，都总有一些寻寻觅觅的身影，那便是我们班同学在寻找四叶草，而我便是其中之一。

可是，从那位同学无意中找到过一株四叶草后，就没有人再找到了，甚至连那位曾找到过四叶草的同学也没有找到过。这太难找了。三叶草丛非常密集，叶子都挨着叶子，有时找到貌似是四叶草的，摘下一看，大失所望，原来是一株三叶草与另一株三叶草的叶子靠得太

070

近，就像是长在那株三叶草上的。许多同学都放弃了，可仍有几位固执的同学在寻找，我就是其中之一。

一次偶然的机会，我在一小丛三叶草堆里寻觅着，手指在一株株三叶草上滑过，我接连不断地摘起三叶草，可就是没有摘到四叶草，我恨不得把所有草都连根不起。突然，我发现了一株很像四叶草，叶片是心形的，我将它拔起，结果真的是一株四叶草，我十分惊喜，立马就拿给同学们看，此时的我就如同考了全校第一一样开心。

寻找绿色的世界，寻找幸福的世界！

脚步从未停歇

孙绍诚

放眼自然，季节的脚步从未停歇。

季节的脚步从未停歇。我踏入春天的深山，去感受那春的气息。山谷中，一阵阵早春的寒意袭来，夹杂着一阵阵寒风，吹打着刚长出嫩叶的草儿。草儿从石缝中探出头来，和其他的同伴一起，迎接清晨的第一缕阳光。我信步前行，两旁是参天的大树，它们虽已在此生活了多年，却也像初生时那样热情地迎接早春的阳光。这时，前方一条小溪阻拦了我的道路。它欢快地流淌着，向着山下的世界出发。那"哗哗"的流水声，是春天的脚步声么？

季节的脚步从未停歇。夏天的公园总是令人想去散心。头顶的骄阳炙烤着大地，我坐在一棵树下，观望周围的世界。草儿一丛丛地簇拥在一起，在烈日的炙烤下低下了脑袋。小池塘中，不时有鱼儿从水中跃出，仿佛是不堪忍受这酷热似的。头顶的树叶也无精打采的挂着，树叶丛中，蝉儿的抱怨声一刻不停地传了出来。那"知了"的蝉鸣声，是夏天的脚步么？

季节的脚步从未停歇。秋天金色的稻田像一块块大地的金布，贴在大地的脸上，装扮了大地的脸庞。我行走在田埂上，像是包裹在金色的被毯中，让人心中舒适而又安全。稻田的边缘，一株苍老的柿子树，挂着满身的红灯笼，傲然地俯视大地。秋天的凉风拂过整个稻田，稻子摇摆着身子，像是一群风中的舞者。那"沙沙"的舞蹈声，是秋天的脚步声么？

季节的脚步从未停歇。冬天的大地，苍茫而又安静。我孤身一人，立在雪原之上。草儿枯黑的身躯被雪埋在了下面，几颗零星的树木立在雪中，雪花挂满了枝头。黯淡的太阳散发着无济于事的橘黄的光，给黄昏的雪野投下一层变换的光影。那"呜呜"的西北风声，是冬天的脚步声么？

季节的脚步从未停歇，自然的脚步也从未停歇。唯有回归自然，追随自然的脚步，才能让我们那被世俗所扰的心灵获得真正的平静。

脚步从未停歇

周雨贤

大千世界，千变万化，但变幻中总隐藏着一种力量，散发出永恒

的光芒。

七岁那年，我偶然间得到一块手表，没想到墙上盘子大小的钟竟能变得如此小巧，好奇的我仔细打量，爱不释手。表上有三根针，又细又长的跑得最快。我目不转睛地盯着秒针，它绕着中心跑了一圈又一圈，一刻不停，它怎么就不知疲倦呢？我怎样敲击表面它也不停，真拿它没办法。我将秒针往回调些，异想天开地以为这样它能跑慢些，也就能让时间倒退了，落得大人大笑。在日复一日的"嘀嗒"声中，我渐渐发现，钟表不过是一种计时的形式，它是时间的象征。即使指针能改变轨迹，但时间无法回头。

因为，时光的荏苒未曾停歇。

我家楼下有一株香樟，长得不算高大，却枝繁叶茂；长得不算粗壮，却生机勃勃，从我记事起，它就已伫立于此。春去秋来，严寒酷暑，都抹不去它鲜艳的翠绿。一年冬天，小区有户人家放爆竹时百密一疏，一点儿小火花落到了香樟的枝头上。再见它时，焦黑赶走了翠绿，只有树干单立，孤零零地面对凄凉的风。因无人打理，接下来的一年它都死气沉沉，来往的人不曾将目光投向它。又逢春日，不经意之间，香樟枝头竟然冒出嫩绿的小脑袋，它们拼命地往外挤。曾经香樟的绿又回来了！过往的人们惊叹不已。

因为，生命的激情不会停歇。

从小父亲就注重培养我强健的体魄。我上小学时一放学就学打乒乓球，刚开始比较新鲜，加之我接受能力较强，所以进步很快。但天天如此，我的热情逐渐褪去，即使不愿，由于父亲的严格，也不得不硬着头皮咬牙坚持去训练。渐渐地，这个小球成了我生命中难忘的一部分。为此，我付出了更多的心血，但我从不曾后悔。随着学业的增加，我已不能如从前一般每天去训练，但忆起那段时光，嘴角仍不住上扬。每年暑假，我仍愿停留故地，拾起熟悉的小球，奋力拼搏，挥洒汗水。

因为，生活的热爱从未停歇。

时光、生命和生活组成了我前进的协奏曲，我迈着坚定的步伐向前走去，决不停歇。

那一缕香

焦天宇

我怔怔地伫立着，倚着墙边，望着那个远去的老人。她的身形佝偻，远瞧着像极了我的祖母。但终究没有她那雪般的头发。

我脑中思绪翻涌，但脸上却丝毫不显，只是悠悠地叹口气，转身离去。

记忆中的祖母，在阳光里。天空中的明蓝，被冻得宛如晶体，我就趴在她的腿上，懒懒的，像只猫。午后的阳光睡在我们身上，散发着橘红色的淡香——是太阳的香吧。

而祖母，正在轻轻地，万般小心地为我掏耳朵。

"疼吗？疼就说话呀。"她重复着。

我却安心地闭上眼，嗅着太阳上的暖香，听着小小的耳勺在耳洞里发出的声音。

真喜欢这样的午后啊，有阳光，有祖母，有太阳的香气……

记忆中的祖母，在夏夜里。她坐在长凳上，我靠在她旁。祖母一生见多识广，自然积累了颇多的人生经验。她给我讲竹，竹坚韧不拔，虚怀若谷；她给我讲水，水直可成线，曲可盘龙……

我入迷地听着，似乎能从她的话中窥见她的一生。月光如栀子花，散发着芳馥的干净气息，它们一朵一朵地落下，轻柔地吻着祖母被岁月凿出的皱纹，愈加使得祖母的面容深邃柔和，而我，便在这香气的滋养下，逐渐地成长起来。

　　记忆中的祖母，在桌子旁。祖母极擅长厨艺，三鲜汤做的最佳。而当我做了什么值得表扬的事时，祖母即使再忙，也会为我做上一碗：找一只碗，碗里磕上一个鸡蛋，用筷子把鸡蛋打碎，又用沸水冲开，放上虾米……随着祖母的动作，一缕缕香便溢了出来，倒像是一把勺子轻轻刮弄着我的鼻尖。我顾不上烫便埋头猛吃：香，香死了。

　　每当这时，祖母便将手插放进兜里，笑眯眯地看我吃。她的眉目祥和，眼里承载着的都是满满的真心实意的喜欢，似乎放在眼里也不会疼。

　　每当想起祖母的三鲜汤，我便会想起祖母看自己的眼神，想起那些坐在月光下，听祖母讲的一句句话。那些小时候听起来晦涩难懂的道理却在我后来的人生中，如同月光下的祖母，明亮悠长。

　　祖母把她一生的故事，都磨碎了，撒进生活的点点滴滴，经过岁月的发酵后形成经久回味的芳馥。

　　忽地，一阵车喇叭声响起，我骤然回神却看见一位姑娘，正对着电话絮絮叨叨："知道了，奶奶，我马上回来，还有，记得给我做三鲜汤啊，我想死了……"

　　我的唇角忍不住上扬，笑的温暖如春。身边似有一缕幽香在回荡，在氤氲，亦梦亦醒，亦幻，亦真。

意　外

石　龙

　　我在找一样东西。

　　窗外的阳光透过窗户流进来，缓缓地刻入老木桌的纹路里。我把手放在触手可及的那一片亮色中，阳光薄薄的，渐渐地在手背上化开，有些暖意，又有些痒。我把手拿开。对不起，太阳，这并不是我想要的。

　　外婆在厨房清洗今天的食材，我继续自顾自地寻找那样东西。

　　抽出书架上老旧的字典，老去的它纸张有些泛黄。检索字母，音节，部首，偏旁，翻到指定的页数。我欣喜地抚摸着那两个简单的字，浏览它的注释：感到幸福或满足。但它冰凉凉的，仿佛被人强行印在了纸上，没有散发出一点儿它应有的光和热。对不起，老伙计，这并不是我想要的。

　　天色黯淡下去，太阳有些失望，走在归巢的路上。厨房的灯亮起来了。窗外的鸟一刻也不曾停歇，它们在黑色的电线上跳来跳去，叽叽喳喳，飞来飞去，幼儿园的孩子一般。我在慢慢沉下的天地间似乎抓到了那样东西，但它又很快地流去了。对不起，小鸟，你们已经很努力了。

　　厨房里响起食物下锅的欢腾声。我张望了一下那狭小的空间里不停地忙碌、逐渐老去的身影，遂放下笔，放下那样找不到的东西，往厨房走去。

我熟练地把菜倒下锅，翻炒，有棱有角的它在中火的循循善诱下逐渐软下刚硬的架子，身子在时间的浸泡下瘫了下去，变得服帖，变得顺从。撒下适量的盐，盖锅，闷烧。我的厨艺日臻成熟，外婆看在眼里在，喜在心里。能够无所事事地看子孙忙碌，扯扯家常，做些烫碗洗筷的小活计，大概也是幸福的。我和外婆聊聊过去的生活，谈谈以往的故事。

太阳流尽了最后一丝光彩，对面的居民楼，灯光接连亮起。我和外婆，拥有着千万灯火中的一盏，静待熟悉的脚步声。我竟意外地找到了我想要的快乐，就在这一盏灯火中。

那些微感动

陈　娟

生活中总有一些感动，虽然微小，却温润于心。

只听见猛地一阵摔门声，电线杆上的鸟儿也被惊得飞向别处。抽泣着的我冲出大门，只留下门口那个孤寂的身影愣着一动不动。

回想起刚才的一幕幕，委屈，愤懑，不满……都一起涌上心头。没错这次考试是很差，可是妈妈也不能骂我骂得那么凶嘛。

坐在草坪上，抬头仰望蓝天。天空，真蓝；云朵，真白。云朵依偎在蓝天的怀抱里，好一对亲昵的母女俩！渐渐地，往日的一幕幕感动如过山车似的从脑海中掠过……

孩提时，淘气似男孩的我毛毛躁躁，不是把毛笔当棒棒糖啃，就是打碎碗碟。可是，每次你都是佯装出生气的模样，揪住我的小手好像真的要打下去似的，取而代之的，往往是微笑着的几句娇嗔。一次，我不小心被热水壶盖子烫了手，你闻讯赶来，连忙往伤口处吹气，又拿出冰袋为我冷敷，忙上忙下，似是仍在担心，后又将我带去医院，确定没事后，提着的心才终于放下。

当然，这都是外婆讲给我听的。不过，我想如果当时我也有自己的思想，怕是也是会感动得一塌糊涂的吧。然而，长大后的事就有目共睹了。感动，仍在生根发芽。

学习的压迫感渐渐重了，食欲也不及从前。看着我日渐消瘦，妈妈买来我最爱吃的黄鱼，精心烹煮，加入独特的酱料，教人食欲大振。每次看着我惬意地品味，你总会露出满足的微笑，殊不知，我在美味的黄鱼中，也品出了感动。

夜晚，小山似的作业常压得我喘不过气来。情绪时常容易偏激，这时候，妈妈总会递上一杯热牛奶，再附上一张纸：趁热喝。每每此时，紧绷的神经得以放松，甜甜的牛奶带着妈妈的一片苦心。在热气中，我的眼眶湿润了，双手紧紧握住牛奶，因为我知道，这里面装得满满的都是妈妈的爱呀！感动，在心底结出了美好的果实。

思绪终于被拉回。此时心中盛满的，只是后悔……

飞奔回家，打开家门，妈妈在等我。我一下子扑进妈妈的怀里，哽咽着，已不知该说些什么。

母亲为我伤口处的哈气，母亲为我煮的黄鱼，母亲给我端的每一杯牛奶，这里面都有感动。

其实，生活中处处有微感动，关键在于你能否用心去发现，去体会，去感悟。要知道，它们很小，却总能温润于心。

善良开出的花

徐培婧

再美的花也如泡沫般转瞬即逝，而心中的那朵却绚烂了一段年华——花的名字叫善良。

是你，一直都是你——在我心底播下善良的种子，继而守护她发芽、成长。

泥泞的雨天，我撑伞回家。马路上车来车往，车轮溅起的泥水沾湿了我的衣角和裤腿。我不禁皱眉抱怨起来，身上的湿衣服似粘着皮肤，难受极了。雨天，总是不尽人意！蓦地有车平稳地驶来，却停在了我的身前！车车窗被摇下，是你！你语气不似课堂上那般严肃："孩子，你家住哪啊？雨这么大，送你回家吧！"

我犹豫了——你平时讲桌整理得井然有序，讲究干净，我裤子上的泥水定会弄脏你的车，"不用了吧……"我刚想婉拒，你似乎把我的小心思看穿："没事，上来！"你的手伸出窗外，急切地招呼我。直至现在，心中还涌动着那个雨天你给我带来的关心，哪怕是一个平凡之举。

你的善良，沐浴着我的心田。

最令我难以忘怀的，是那次期末考试。中午是照例又要午睡的，而当我们都伏在桌上小憩时，我微眯着眼却看见了这样一幕——近些天考试，忙坏了的你却不曾睡，而是手撑着脑袋，似乎在守着什么。我心中好奇，久久未入睡，忽听见细小的"嘀"的一声，我心中一惊：原来你再累也不睡，是要调适宜的空调温度，免得让我们着凉。我抬头看着你因劳累疲惫的身影，心中是无法言说的感动。那身影也仿佛高大了。

你的善良，印烙在我的心田。

我们并非你的孩子，可在你心中，我们全是你的孩子。于是，你为我们投注了大把的青葱岁月，银丝也渐渐多了。可是，你的善良，你对我们的爱如案前那株万年青——从来都是满盈的，令人为之怦动的。

为人师表，你的一言一行无不践行着"善良"二字，一举一动无不是"善良"二字的最好诠释。

感谢你赋予我的善良种子，感恩它在我心间开出了善良的花。

080

那些微感动

刘石文

倘徉于书海中，心灵便被牵动；那些微微的感动便是我精神的慰藉。

诗词中的傲骨

清晨的阳光斜散入屋间一隅。静静坐在板凳上，呷一口清茶，执

一卷诗词，吟着"千磨万击还坚劲，任尔东西南北风"。抬头凝眸，心中陡然出现一株饱经风霜的翠竹，它的根须深深地扎入岩石的缝中。狂风怒吼着，它笔直的身躯被压弯；暴雨也来助威，豆大的雨珠击打着它的身躯。狂风卷集着暴雨，想将这微小的生命抹去。

但这竹并不屈服。天地之间，这竹拉开了一场没有硝烟的战争，它以倔强的身躯铸就了一身傲骨，以动人的气魄造就了一番神话。想到此处，意犹未尽，心中泛起了微微的感动，它的傲骨使我折服！

小说中的奋斗

橘色的天空下，蔚蓝的海击撞出雪白的浪花。海风袭来，我的思绪便飘到一座亘古不变的荒岛上。循着海滩上的脚印望去，一位黝黑但身强力壮的勇士，头戴一顶兔皮帽，身穿马甲，系着羊皮短裙，脚上穿着自制的鞋子，身上背着斑驳的两支枪，脸上浓密的胡须遮不住他坚定的眼神。他凝神注视着大海，他坚信只要奋斗就能战胜困难。

他克服着极端的天气，受着痛苦的折磨，承受着辛苦的劳作，他并没有放弃，他一直奋斗着！看，那建造的树林之屋，便是他奋斗的结晶。他凭一己之力，扭转乾坤。以自己不懈的奋斗，征服这片荒芜之地。想到此处，我心生波澜，被他顽强拼搏，艰苦奋斗的精神深深感动了。

散文中的自强

我闻到一股幽香，向窗外探出头：一条紫色的瀑布赫然出现在我眼前，那便是紫藤萝，细小的花朵簇在一起，它是一条生命的长河，缓缓地流向远方。作者忍受着"文革"的迫害，失去亲人的痛苦。但命运并没有挫败她，她以积极的态度面对这一切，生命不止自强不息，似乎是她精神的写照。她轻抚紫色花朵，我的心也微微摇动，被她的自强的精神所感动。

畅游书海，使我的心微微感动，充实了我那幼稚的心灵，形成一个坚强的自我。

遇　见

陶润泽

一花一世界，一叶一菩提。我为你千百次的回眸，只为遇见你一须史的风华。

——题记

那是我第一次遇见你。

盛夏的时节，炎热的空气中氤氲着花的芬芳，喧闹的花鸟市场中是人障重重，鸟鸣人声交叠着涌入我耳膜，令人身心俱疲，伴随着那千篇一律的花香与入眼的大紫大红，不由感叹我来买花真是失策。

恰是那个路口，我似乎感应到了什么，便骤然回首。

那一刻，我看见的是你，一身稚气未脱的青涩模样，在那一片露骨的色彩中显得与众格格不入，你孤单地隐没在那一片墙角的黑影中，若非刚才一刹的悸动，想必是连回眸的机会也会失去，我决定带你回家。

我去向花农表达自己的意图，却听见一个足以使人惊愕的回应：

"这花十块给你了。"我自然好奇询问缘由。"这盆花我进回来已有足月，却连开花的影子也未见，真不知它怎生长的！"言语中似是愤愤不平。我听了，心中微有芥蒂，却并未动摇，买下那不为众人看好的你。

带回家，仔细地观察你，深绿的茎叶，粉红的花苞，定是可以开花的品种，我反而不信花农所述。便日复一日地浇水、松土……你没有开花的迹象，我根据你的样子到网上查询，有人说你是昙花，花朵只在夜间才会开放。我便每个夜晚就着月光观你，花苞渐渐长大了，叶片落了又生。夏季已过，秋季又逝，冬季再离，眨眼已是一个春秋，你还是没开花。

"扔了吧，它不会开花了。"家人劝我。"不，再等一个夏季！"我坚持。

日复一日，在学业骤增的情况下，我已无暇凝视你。多少次伏案作业时忽回身看你，却总是给我一个未开放的身影。

"你不会开了吗？"我心中怅然，对你的期盼便也日渐淡了。

又是一个夏天，兴许是在睡前贪享了一杯清茶，在后半夜起身的我竟然再无困意。拉开窗帘，更是发觉月光别样好，月下的你似在沉睡；蝉鸣阵阵，我凝着近来未见的你出神片刻，便转身想走远。

一阵芳香吸引了我，迫使我回头。你像是初醒，一片一片地绽开了，雪白的花瓣映着月晖，在我的眼前一层层地展开，如雪飘逸，如羽纷扬，迷了我的眼，也迷了我的心，我似看见了整个世界的秘密……

你缓缓合拢，花瓣凋零，沉于盆内，像是一场梦境，等我清醒之后便没了你的影子。可我知道，我终于在等待中遇见了你最美的这一刻；纵使只有一现，也一样回味永久。

相遇前的等待是苦痛的，但能在千百次回眸之后，遇见你，哪怕一现便亦是我最美的回忆。——尾记

苦茶的另一面

欧阳安琪

没有被雨水洗涤的天空不澄澈，没有被泪水浸没过的眼眸不深邃，没有苦味的铺垫又哪来缕缕清香呢？

夜静谧，风微熏。橘色台灯弥漫出柔光怀抱着整个房间，也抚慰着沮丧的我。我黯然地坐在桌前，望着窗外一排排渐入夜色的窗棂。眼泪抑不住再次滚落在试卷上，将淡淡的笔墨和刺眼的红叉浸渍在一起。

"安琪，我可以进来吗？"随着一阵敲门声，传来母亲温柔的问话。我坐着不答，母亲便推门而进。我刚想发作却看到母亲慈祥的脸，顿时为这透彻心的温暖而低下了头。

"一起到客厅喝杯茶吧！"虽然嘴上不答应但身子却不自觉地挪移到了散发着梨花香气的茶几前。

母亲像往常一样娴熟地从青花瓷罐倾倒出些茶叶放入茶则中，然后递给我，示意我闻闻。我瞧了瞧杯子里的叶子皱皱，黑漆漆的，不同于普洱的尖细，又不似乌龙般嫩青。我深吸一口气："咦，这茶怎么没有茶香？""那因为还没有经过沸水的冲泡，说罢母亲将茶叶倒入紫砂壶中，又将煮沸的泉水一线珍珠般倒入其中，在这一倾一停之间仿佛有一缕淡淡清香飘溢而来，在蒸腾的水汽影里，茶叶悬落沉浮，宛如刚刚醒来的睡莲舒展开来。

母亲倒了一杯温和地递给我："你再尝尝这茶…"我端起茶盏小抿了一口，觉得喉咙涩着发紧，母亲见状不禁忍俊，她说："这是上好的陈年野生苦茶，虽入口有点儿苦但放在嘴里慢慢呷味儿就不一样了。"我忍着苦劲儿慢慢呷了几口，味果真不同了，竟还带着几丝香甜，像是幽山中的一泓清泉。

这先苦后甜的味儿激起了我的味蕾，又要了几盏，顿时觉得神清气爽，阴霾一扫而空，客厅里也飘散着袅袅醇香。

"没有沸水的冲泡，没有苦涩的铺垫，又哪来醇香与甘甜呢？"母亲深情地说道，是啊，这苦茶虽苦，却也有甘甜的一面，这挫折虽难，但只要我们坚定不移，也终有成功的一天。

我不禁默背起了诗文"天降大任于斯人也，必先苦其心志，劳其筋骨……"茶好像更香了，久久在我心头荡漾。

085

繁华的另一面

王心怡

凤凰古城，八月，车来车往。

滞重的阳光穿透过黏稠的空气，压在眼皮上。在所谓的古城站不住脚，时刻被游客推搡着，我忍不住皱起了眉。伴着汽笛的尖叫，金属怪物被人们拥着缓慢地移动，电瓶车拐来拐去地在人群中穿梭，"嘀嘀"响着，像在嘲笑那庞然大物的笨拙，在人声鼎沸中、在路的尽头溜走。

　　小路的两侧挤满了小贩，各扯着各的声音，尽力宣传着自己的商品，仿佛早已听见钱币碰撞的声音而分毫不息，似乎这样游客们就会光顾。不知是他们每日如此，耳膜早已习惯，还是沉浸于交易无法自拔，丝毫体会不到鼓膜刺痛的折磨。

　　路经沈从文的故居，白墙黑瓦，尚未进去便仿佛有一股油墨书香气扑面而来了。走近一看，心却凉了半截，明目张胆地在那书地门口立着收费板，站那板边的收费人理所应当般悠然自得，冷眼看着过路的每个人。书香与铜臭的相合气息，顿时让我有了作呕的冲动，我看着那人，他也毫不避讳地回瞪着我，反倒略有鄙夷的眼神，心安理得似的，仿佛还在嘲笑我舍不得这几个钱，市侩的目光透着狡黠。

　　立着凤凰古城石雕的广场上，每一个角落都充斥着广场舞响彻天际的音乐声，没有丝毫疲乏地全力击打着鼓膜。广场上有十几个背着竹筐的老太太，浑浊的双眼闪着精明，人手一台相机，拉着每一个过路的游客，展示她们筐中所谓的苗服，褶皱的苗服，看着说不出有一种什么滋味，窸窸窣窣的声音，仿佛有什么在啃噬我的心。

　　抬起头看向远处的天空，浑浊的天空仿佛被什么遮住。浑混的城市被钢筋封闭，多年积攒的雾霾挡住了古城原本的、该有的模样。凤凰古城，终成了以古城为噱头，被包装得冠冕堂皇，却又漏洞百出的现代繁华。石板街终于再找不回原来本真的样子，只剩现代的一切事物，肆无忌惮地吞噬历史留下的痕迹。

　　如果繁华的另一面是古迹被埋灭，就请时代慢一点儿，留给古迹最后一点儿空间，让那种宁静能在最后一点儿空间里沉淀！

听　水

周亦桐

　　上善若水，水之声，或轻盈婉转，或慷慨激昂。侧耳聆听，总会在那潺潺的流水声中领略到岁月沉淀其间的韵味。

　　江南的历史是和着水声前进的，是一部由水撰写的诗。西塘，一座浸润在水中的城市，听其水，便能领略到那激滟波光中的味道。

　　烟雨霏霏，雨丝细密而无声，在屋顶的瓦缝间汇聚，顺着飞檐翘角滴落在石板路上。耳边传来"嘀嗒"之声，其声不绝于耳，回响在小巷之中，让人以为是历史的回音！低下头看脚下的石板路，一条条缝隙处长有毛茸茸的青苔，常年的雨水冲刷，让这些藓类生物光滑莹亮，散发出勃勃生机，尤为惹人喜爱。"啪嗒——啪嗒"，是小孩子在欢快地踩出一朵朵水花，"嗒——嗒"是脚着木屐的姑娘轻轻漫步于雨巷。雨声轻盈，而又带着些绵长的忧思。身影掠过，一株丁香花悄然盛放。原来，"在那悠长悠长的雨巷／有一位丁香花般的姑娘……"

　　"叮咚、叮咚"，水从高高的门楼上落下，徽派建筑的院墙旁，晶莹剔透的水珠滴在树叶上，滴在花瓣上，婉转如琴声。铺满苔痕的河道旁，水流淌过，细浪拍打着石砌的台阶，一圈圈波纹悠悠地散开去。河底的水草顺着水势摇曳，草丛中不时翻腾出一条条小鱼，惹得这一片水面笑靥如花。我顺着河道走，街市上不时响起阵阵喧闹声，沿河的茶馆里那一声又一声瓷盏的碰撞声也时时在耳畔回响，落花簌簌。"江南自古繁华，烟柳画桥，风帘翠幕，参差十万人家。"

"吱呀——吱呀"！木桨划开水面，水声愈发灵动，河面上的乌篷船便在这水声中缓缓前行。乌黑的船篷映得水面也沾染上一层淡淡的墨色，橹声悠长，水韵层层荡开。社戏即将开场，锣鼓声依稀传来，两岸的麦香混着水汽悄悄地钻进我们的心田，鼻子用力地嗅一嗅，风中似乎还带来了蚕豆花的气息。"长沟流月去无声，杏花疏影里，吹笛到天明。"

听水，水声潺潺，文化的生命气息淙淙流淌。立于水畔，我倍觉其声回味悠长……

有家，真好

江　飞

当你身心疲惫时，家会让你放松；当你伤心难过时，家会给你安慰；当你孤独无助时，家会给你帮助。有家，真好。

我们每个人都有一个家，家支撑着我们，保护着我们。家在，希望就在。

冬天，寒风凛冽，让人不由地哆嗦，我迈着沉重的步伐，有气无力地走在回家的路上。泪水不停地在眼眶里打转，昔日的好友，因为他人的无聊八卦，竟然和我绝交。北风呼呼地吹着，好像在嘲笑我的

无能；麻雀在枝头叽叽喳喳地叫着，好像在议论我是多么的失败。我的心仿佛被封在寒冰之下，让我感到了穿肌透骨的寒冷。被人误会却又不能解释，这让我痛苦不已。

不知不觉，我已走到了家门口，一缕缕炊烟从烟囱里涌出。我无精打采地推开门，一股暖流向我袭来，顿时温暖我全身。走进客厅，妈妈从厨房探出脑袋来说："回来了，赶紧洗手，准备吃饭。"我轻声吱了一声。爸爸跷着二郎腿，坐在沙发上看着报纸，悠闲得很。姐姐忙得不亦乐乎，一会儿擦桌子，一会儿端盘子，准备着开饭工作。虽然我的整个身子都开始暖和起来，但是心却依然冰冷。我走进卧室，放下书包，妹妹从门口探出个小脑袋，笑眯眯地说："二姐，你的被子里有个宝贝，是我放的哦！"我掀开被子，一看，是一个画着笑脸的苹果。妹妹又说："姐姐的笑脸最可爱，不要苦瓜脸哟！"我会心一笑，心中的冰层开始融化。

开饭了，我们一家围坐在桌边，吃着热乎乎的饭，妈妈夹给我一只鸡腿，和蔼地说："多吃点儿，好好学习。"爸爸意味深长地说"没有过不去的坎儿！"，爸爸总是这样，看似什么都不在意，其实心里跟明镜似的。对！我不能再沮丧了，要振作起来，积极向上。就算全世界予我冷漠，家永远是我坚强的后盾。

家不仅是我的容身之所，更是我心灵的栖息之地。有家，真好！

你好，苹果

王若禹

尊敬的苹果先生：

你好！作为你的一名粉丝，我为你对世界文明的发展所做出的巨大贡献表示最崇高的敬意！在这里，我代表万千人民向你感谢！

你对我们所做出的贡献涵盖古今，影响深远，遍布于我们生活的各个方面。可以说，没有你，就没有人类的光辉文明！

是你，创造人类，当亚当夏娃还是伊甸园无知的仆人时，你赋予了它们智慧，开启了人类的文明。

是你，给了人类最杰出的科学家之一的牛顿灵感。一天傍晚，牛顿在一棵苹果树旁沉思学术上的问题，却久久没能取得进展。要知道，在那时人类的科学技术还是很落后的，世界上许多最基本的奥秘没有被揭开。于是，你在这时伸出了不朽的援手——"呼"的一声，一个苹果落在了他的身旁，牛顿由此悟出了万有引力定律。没有你，人类也许至今可能还陷在愚氓与无知之中，而您却以一种"润物细无声"的方式带来了知识与光明。请允许我代表亿万人民再次向您致敬！

是你，极大地便捷了人们通信与交流。乔布斯为了表达对你的喜爱与尊敬，以你的肖像作为商标。如今，您已经拥有全球第一大企业了。亿万家庭都享用着你的"恩泽"，无数人因你而获得快乐与便

利。

是你，满足了我们的口腹之欲，维护着我们的健康。无论英国的古代谚语"一天一苹果，医生不找我"，还是现代的科学研究，都已证实你丰富的营养价值。而苹果的口感之佳，也得到了人们的一致认可，你多汁水灵，又脆又甜，妙不可言。

苹果先生，谢谢你！如果有需要的话，我们已发明了各种生物化学武器来消灭害虫，我们也会为你尽力做好我们的工作。

再见，我们尊敬的、伟大的苹果先生！

等待花开

张瑞阳

091

"石头开花了！"妈妈大声叫。

我应声跑去，看见三朵单薄的小黄花在风中摇曳。它有着像菊花一样细长匀称的花瓣，虽然不是重瓣的，但还是别有韵味。花，是黄灿灿的，但其中似乎有着浓淡的变化，像是用毛笔吸足黄颜料在宣纸上用力一点儿，墨迹迅速扩散，中间的色泽最为浓厚鲜亮，而边上的就显得轻淡柔和，几乎看不出黄色，十分有趣。我用手轻抚花瓣，立刻感受到了它的柔软光嫩，摸起来很舒服。我不由自主地闻闻它的气味——虽然我知道这种花多半没有香味，但我似乎感受到一股芬芳在空气中飘散，沁人心脾。我花了好几分钟时间仔细观察，对眼前的三朵花里里外外的颜色、形状摸得一清二楚，就差在上面咬一口确定它的味道了。

但我仍不住地观赏着这几朵花。事实上，我已经为这一刻等待了一个多星期哩。此刻，这几位女王总算揭开了面纱，露出美丽的真容，我怎么能不多看几眼呢？

这种植物是生石花，祖籍在南美的沙漠中，成株只有硬币大小，外形类似石头，肉嘟嘟的，皮肤上还有美丽的花纹以及鲜艳的色彩，中间裂开一道缝，将小巧的身体分成左右两个部分，惹人喜爱。而它的花一般要在三四岁时才初次开放，此后一年一绽放，花期只能持续五六天，而且只有阳光灿烂时才会向人们展示它们的美。因此，生石花的美主要体现在肥嘟嘟的叶片上，鲜有人欣赏它的花。但我自从一星期前发现它待放的花苞后，便日夜牵挂着它绽放的时刻，为之激动，为之期待。现在，花开的日子终于来了，我的心中充满喜悦，充满感动。就在我离开阳台的时候，我仍一步三回头，看它风中的美丽身影。

当我将生石花之花的照片与一些欧月、铁线莲的花照片相比较，才发现生石花之花无论是色泽、花形都无法与那些花相媲美，可我对这小小的生石花的关注和喜爱却远远超过了那些美丽妖娆芬芳的花。或许是因为等待将我的快乐加倍了吧，用梁启超的话说，就是"一步一步地奋斗前去，从刻苦中将快乐的分量加增"。我为了这开花的日子等待了那么久，因而，也就觉得生石花的美丽胜过了一切！

爱 的 传 递

李志伟

　　一想到今天就是自己的生日，王聪就特别开心。好朋友丁惠早就告诉她要给她一份礼物。那礼物会是什么呢？放学了，王聪一边快乐地想着，一边兴奋地跑跑跳跳地去公交车站。

　　突然，王聪被什么绊了脚，一下子摔倒在地上，腿上胳膊上都破了，鲜血渗了出来，混着灰尘大滴大滴地落在地上，王聪不禁轻轻地呻吟起来。怎么办？周围的商店都没有医疗用品卖，况且她也没多少钱。左右为难之际，一位好心的叔叔看见了她，便热情地帮她包扎了伤口。虽然伤口依旧很疼，但王聪的心不疼了，一股暖流在心中荡漾，温暖了王聪，也温暖了路人。

　　碰巧的是，好心的叔叔与她乘同一路公交车。一路上，他们欢快地聊天，叔叔甚至还给她看了一件包装精美的礼品——是替他女儿买的。时间过得真快，还没说够，叔叔便到站了。王聪热情地与他道别，目送着他的背影消失在落日金辉中。

　　公交车又隆隆地开动了，王聪眼角余光一扫，竟然看到叔叔的礼品盒还落在车上。怎么办呢？王聪犹豫地咬着嘴唇，公交车不知不觉中也抵达了下一站，她急忙冲下了车，向叔叔下车的地方跑去。心想叔叔发现少了东西，也许会回站台找的。

　　再说那位叔叔一到家，他的女儿就迫不及待地冲向父亲，满怀期待地向他询问那个挂念许久的礼品。这时，他才发现买的礼品盒落在公交车上了，于是急忙返回公交站台。

　　王聪到了那个站台，没过多久，叔叔也到了，见到王聪拿着包裹站在站台旁，他又是感动又是惊讶。

　　第二天，王聪又走在了回家的路上，她想到了昨天的那些事，不禁会心地笑了，这才是最好的生日礼物啊！正在此时，一阵脚步声从背后传来，紧接着她的双眼被蒙住，还没来得及惊恐，丁惠鲜花一样的声音又在耳边响起："生日快乐，王聪！"小手很快就移开了，取而代之的是一份包装精美的礼物。

　　王聪一下子惊住了——这不是昨天那位给我包扎伤口的叔叔落在车上的礼品盒吗？！

094

我渴望变成一只大雁

吴沁怡

　　"大漠孤烟直，长河落日圆。"这里，便是边塞。边塞啊——没有故乡的青山绿水，鸟语花香，和平安康，有的，只是漫天黄沙，无休止的狼烟和战士们思念家乡的泪。一群群大雁，望南飞去变作一个个小黑点，消逝在天边。

　　秋天来了，瑟瑟秋风，伴随着嘎嘎的雁鸣，如泣如诉。这时候，那些达官显贵们，也许正在欣赏怒放的秋菊和红艳的枫叶吧。我们击

退一波敌军后，在短暂的休整时间里，我痴痴想着，来到这儿守边到底多久了？从第一次杀人的脸色苍白，两腿发抖到现在的面不改色，谈笑自若，唯一没有改变的是望着大雁南飞便会不自觉地流淌思乡的清泪，我什么时候才能回到家乡？

远望我们誓死守卫的王朝，也许那里正莺歌燕舞，也许他们夜夜笙歌，也许他们醉生梦死，谁会记得我们这些边塞战士？理解我们这些思乡的痛楚？知晓我们家人日日期盼？

天空中，大雁鸣叫着，急切地向南方飞去，竟不肯再看一眼这个洒满鲜血的边塞。我多么想变成一只大雁，随着它们一道飞向家乡啊，可是，我能做的只是镇守在边塞，时时准备着敌人的侵犯，争取早日大破敌军。

唉，唯愿那大雁，能为我向家乡的亲人报个平安吧。

伴随着落日的最后一丝余晖，城门"吱呀"一声紧闭。今日，又有无数的兄弟，化作亡魂。脚下的寸寸土地，无不浸透了殷红热血，掩埋了累累白骨。军帐中，我们围着圆桌而坐，杯杯浊酒下肚，眼泪簌簌而下。迟迟不能打败敌军，也就没了回乡的机会。也许，我们将在这边塞，度过余生。不，也许明日，我也可能成为刀下亡魂。离别，也许就是永别！

泪伴着酒，被一饮而尽。羌笛悠悠，白霜幽幽。

大雁的嘶鸣声似乎还在耳边不绝……

我好渴望变成一只大雁！

生活中，那一抹亮色

　　我望着玻璃杯中上下沉浮的橘瓣，被水一泡，橘瓣圆润了许多，似乎散发着橘色的光，在白色的墙壁映衬下，似乎很突兀，但似乎又很和谐。一股幸福感在我心中升腾，犹如汽水瓶中的气泡，越聚越多，最后在我的心中荡漾开来。

好一朵太阳花

朱奕霖

学校新教学楼走廊的花圃里种了许多太阳花。

夏天，正值太阳花一吐芳华的时候，在密密的绿叶间，蹦出了几朵含苞欲放的花骨朵儿。清晨，它含羞待放，似羞答答的少女；中午，它"给点儿阳光就灿烂"！当似火的太阳炙烤着大地，万物都失去了些许生机，太阳花的色泽却愈发鲜艳，小玲珑的花朵给予人蓬勃向上的启迪。太阳花其貌不扬，既没有牡丹国色天香的娇艳姿态，又不及茉莉那沁人心脾的清香。但怒放的花朵总让人不忍移开目光。花朵摇曳，绚烂夺目，让人驻足停留，任那一抹玫红的艳丽点燃内心的激情。

秋天，太阳花迎着秋日暖阳向人们展示它独特的风姿。娇小的花朵开得热热闹闹，令清冷的秋日更显可爱。一朵花败了，再开一朵，整日迎风吐艳。小小的花瓣托出散发着淡淡清香的花蕊，每片花瓣都圆润、饱满，水灵灵地吹弹可破。太阳花的叶子是花中最奇特的，一个个碧绿碧绿的圆锥体，像肥胖版的松树针叶。

进入冬天，太阳花虽然凋谢了，但它那松针般的叶子依然挺立，释放出夏时期的勃勃生机，看不出一丝一毫的颓败。青翠欲滴的鲜绿给严肃、静谧的教学楼增添了一抹盎然的生机，一丝情趣！我竟第一次知道，原来看似娇柔的太阳花也如菊花般坚毅。听老师们说太阳花的生命力极其顽强，只要折下一小段，插在土里，过些时间，又会长出一株活力四射的太阳花。

自从走廊上有了这些小家伙，同学们走路都更加小心了，生怕一个不留神就会碰坏了这些可爱的小精灵。一到下课，走廊上就热闹了。大家围聚在花圃周围，谈论着太阳花的养护知识，争着为花儿浇水，小心翼翼地除去杂草。一张张充满好奇、活力的笑脸不正像那一株株盛开的太阳花吗！他们乐观向上，自信阳光，充满朝气，有一颗如太阳花般热情明朗的心。当学校里来客人时，我们盛情迎接；当同学需要帮助时，我们伸出热情的双手。学习时，我们昂起头，认真聆听花师的教诲，如太阳花追随着阳光。

哦，好一朵太阳花！

姐姐难当

盛凤凤

我有三个姑姑，自然，表弟表妹是不少的。我曾得意的以为，带宝宝不会难倒我的，可事实却让我败下阵来。

那天，我到姑姑家写作业，结果姑姑有事要出去，让我帮忙带一下表弟施铭轩。我瞟了一眼正在熟睡的施铭轩，心想："睡得很熟，应该不会出什么乱子！"所以我满口答应了。可正当我专心致志地写着作业的时候，"哇——"的一声，让我吓了一大跳，笔也在本子上划了一道长长的痕迹。我把笔一丢，就赶紧跑了过去。只见施铭轩正在小床上哭得上气不接下气，巴掌大的小脸因为哽咽而变得通红，小手不停地挥舞着，看得我那叫一个心疼啊！我赶紧把他抱起来，一边抱一边轻声哄道："宝宝乖啊，不哭了，不哭了……"可我的安慰似乎不管用，施铭轩仍旧在哭，我又心疼又无奈。但转念一想："哭得这么厉害，是不是饿了？"我把他放到婴儿床上，拿来了奶瓶，舀了几勺奶粉倒了一些热水，正准备喂他，突然又想到，还没试试热不热呢，我把奶瓶放在手背上试了试温度，"哎呀！好烫！"这要是给宝宝喂下去，后果不堪设想啊！我又赶紧把奶瓶拧开来，让里面的热气赶快跑走。

可眼下，施铭轩哭得厉害，而奶粉又烫，搞得我不知所措。好不容易等奶粉凉了一点儿，我赶紧把奶粉喂给施铭轩喝。也许是他真的饿了，看到奶瓶也不哭了，含着眼泪捧起奶瓶就喝了起来，那样子好像是饿了几天似的。不过一会儿，他就开始就一边喝一边玩，怎么阻止也不管用，结果把牛奶洒在了衣服上，身上到处都是湿淋淋的，我又得帮他换衣服。等我手忙脚乱地帮他换好了衣服，我已经累到虚脱。

哎！带宝宝难，当姐姐不易！

放 风 筝

朱　敏

童年就像一个五彩缤纷的梦，童年就像一曲悦耳动听的歌，童年就像一首清新美丽的诗……童年生活中一件件有趣的事，常常把我带入美好的回忆中。

记得那天天气晴朗，公园里有许多人在放风筝。瞧，天空中的风筝千姿百态：有活泼机灵的"小燕子"，有张牙舞爪的"老虎"，有美丽的"嫦娥"，还有凶猛的"老鹰"……

看着这些美丽的风筝，我的心里也不禁痒痒的，于是三步并两步，两步并一步地跑回家，取出了早已备好的风筝向公园一路狂奔。

来到公园，我测了一下风向，便逆着风大步跑起来，渐渐地，我的"小燕子"也飞了起来了，而且越飞越高。哈哈！我是个新手，没想到一次就可以飞这么高了。切，什么放风筝难，明明是他们不会放。嘻嘻，我开心得又蹦又跳。

正当我得意忘形时，风筝却开始一个劲地往下掉，我慌了，不停地向前跑，试图把它拉上去，可它却像一个不听话的孩子似的，一头栽了下来。我垂头丧气。唉，怎么这样？刚才不还好好的嘛，难道是我手法不对？还是我的风筝有问题？可风筝是昨天刚买的，再说刚才也飞上去了，肯定是没问题的。一定是我的方法不对，嗯，一定是这样的。于是站在一边仔细观察那些高手们是怎样放风筝的，只见他们把风筝送上去后还是顶风往前跑。我突然找到了我的问题，刚才我跑的路线是曲折的，一会儿逆风，一会儿顺风，风筝当然不听使唤，自然而然就落了下来。

"吃一堑，长一智"，我开始了第二次放风筝，我逆着风，跑直线。哇！风筝还真的又飞了上去了。我不停地跑，不停地放线，风筝也越蹿越高。当风筝稳稳地在空中飞翔时，我也就可以停在原地放线了。看着它在空中飞翔，我的心似乎也跟着飞了起来，和它一起游戏，一起飞翔，但风筝飞得再高也有一根线牵绊着它。它不正像我和妈妈吗？风筝是我，那长长的线就是妈妈对我的爱，无论我以后飞得多高、多远，总有妈妈陪伴着我。

生活中，那一抹亮色

驱 蚊 草

杨子妍

　　我不喜欢国色天香的牡丹，不喜欢洁白柔嫩的广玉兰，不喜欢浓烈醇香的百合……我却喜欢在花界几乎排不上名次的——驱蚊草。

　　说它是驱蚊草，其实也就是一种盆栽的花。碧绿的叶丛中，每一朵花都显得非常娇小，大概只有小朋友的小拇指指甲盖那么大。但是，它们七八个组成了一个"大家庭"，朝各个方向开放，如同一个缩小版的绣球。我无法用文字准确形容那花瓣的色彩，说它玫红吧，从花朵的内部又似乎有一种淡淡的白色渗透出来。花朵的中心是花蕊，紫红色的花蕊呈梅花形，如同一个舞蹈家在扭动自己纤细的腰肢和双臂跳舞呢！用手摸一摸那花瓣的质感，凉凉的，非常丝滑圆润，给人以舒服之感。

　　在同一叶丛中的驱蚊草开花有早有迟。有的还是花骨朵儿，被毛绒的椭圆形小球包裹着，躲在叶丛中；有的才绽放一点儿，花骨朵儿上面出现一小块紫红色；有的刚刚绽放，如同一个落落大方的少女在跟同伴比美呢！盛开着的花朵，五片花瓣全都自信地绽开，形状像一个五角星，鲜嫩可爱！而有的则花瓣蜷缩在一起，准备闭上眼睛睡几天觉，为下一次的开放养精蓄锐，只留下一个细小的花蕊躲在绿叶丛中。一盆驱蚊草就像一个数世同堂，生生不息的大家族！

　　驱蚊草大部分是绿叶，一大片叶子是由好多片叶子组合连接起来的，像一片雪花。再配上有着细小的短柔的叶面和那呈波状的边缘，使人觉得另有一番情趣，密集清爽的绿叶终年不会败，始终透着生气，透着活泼，在它的衬托下，驱蚊草便显得格外清丽，格外可人！

　　凑上去闻一闻，驱蚊草有着一股淡淡的香味，是一种天然的蚊香！可以驱走蚊子等一些小飞虫。自从驱蚊草进入我的房间以后，我就再也没有看到一只小飞虫进入驱蚊草管辖的领地！

　　我爱驱蚊草的生机与美丽，更爱它默默无私奉献的精神！它在我的心中永远排在第一！

生日礼物

张玉磊

103

　　"又是一年春好色，同学生日一个接一个！"今天又一个同学过生日！

　　愁啊！新学期开始，就像约好了一起出生似的，同学们过生日的一个接一个，虽然不用每个同学都买礼送物，但玩得好的是必须要买的。现在除了考试分数不涨，别的都涨价了，是个像样的礼物就要好几十块。便宜的？有，可拿不出手啊。所以我的"小仓库"里穷得连老鼠都不愿意待在里面。

　　悲呀！同学的生日一个接一个都过完了，他们开心地瞅着那些花花绿绿的礼物，就像开完花的桃啊，李啊，抖擞净残花，挺起一嘟

生活中，那一抹亮色

噜一嘟噜的丰满的果实。好歹盼到我过生日了，我心花怒放，这下可以把东西挣回来了。可这只是我一厢情愿，因为要放暑假了，我的心血全毁了！我的压岁钱、零花钱、血汗钱啊，你们就是长了翅膀的烤鸭，扑棱棱，扑棱棱，一只只从我眼前飞走了。都说来而不往非礼也，我咋就这么倒霉呢？

惨哟！暑假来了，生日到了。大家都只是在QQ上送我礼物，一个一个甜言蜜语，感动得我泪水涟涟。我的这些可爱的聪明的同学们咋就这么不开窍呢？精神鼓励很重要，可物质鼓励也不能缺啊。我高喊着我不爱钱，在被窝里哭个死去活来。

一年的钱就这样没了，我真不甘心啊！但这不能怪我，要怪就怪老妈把我生错了月份，就怪学校放什么假嘛！不过想想也不太正常，过生日祝贺一下，很好啊，可演变成变本加厉地送礼物，就本末倒置了，让人头疼啊！

生日礼物，你已经让我无语了。

104

对　话

程浩平

站到电话机旁，把攥在手里的一张皱巴巴的纸慢慢摊开，分辨着因为手心的汗水而变得模糊不清的字迹，我挠了挠头，将信将疑地拨下那一连串杂乱无章的数字，把听筒贴紧在耳朵上，静静地等待着来自时空彼岸的声音。

　　“喂？”一阵清脆的音乐声过后，传来一个响亮的男中音，充满了生命的活力。

　　“你好，是……我吗？”我用手握紧了电话，细小的汗珠从手心渗了出来。有一刹那，我觉得我的行为简直愚蠢至极，恨不得立刻挂断电话，但仿佛有个声音轻轻地跟我说：“再等等。”

　　“啊？噢！”对方有些惊讶，但又似乎早知道似的，立刻恢复到原本中气十足的声音，“今天打电话过来，是有什么事要问吗？”

　　“咦？”如此平静的态度，倒令我有些意外。“那个……”我有些吞吞吐吐地说：“你，你能告诉我，未来的我，是个什么样的人呢？”

　　“哈哈！”电话里传出轻轻的笑声。“未来的你，是个很幸福，很快乐的人哦。几十年的生活，给你带来了许多挚友，也给你带来了一个美满的家庭。虽然生活的艰辛给你增添了许多岁月的痕迹，但你依旧对你的工作充满了热情，为自己所作出的贡献而自豪着。”“哎呀，这样评论自己，还真是有些不好意思呢！”他又补充了一句，声音里充满了自信。

　　听了他的话，我如释重负地叹了一口气。

　　“不过，你不必如此执着地想知道你自己的未来。”他接着说：“你的未来是属于你自己的，并不是能用我的三言两语就能概括的。正因如此，你的未来才充满了无限可能。我也许也只是千千万万未来的你其中的一个，你的未来可能会如此，但更多的应该不只局限于此。如果你仅仅依赖于我的片面之词而觉得高枕无忧，放弃努力，停止前进，可能会失去你所拥有的一切，但是，如果你能加倍地付出，朝着你的理想而努力的话，你也能获得一个更加光明灿烂的未来。要明白，你如今的每一点儿努力，每一次选择，都在决定着你的未来。所以，与其打电话得到一个模棱两可的回答，不如脚踏实地地生活吧。”

生活中，那一抹亮色

他的这一番话，每个字，都冲击着我的心灵。

我怔住了。回过神时，我已不自觉地挂断了电话。带着内心的触动，我拉开了窗帘，暂时抛下那还未理清的思绪，翻开了书桌上的练习册，书写我的未来。

路

陈一平

106

中国古代兵法中有一个"围师必缺"的策略，意为每当把敌军逼到绝境时，常常要留下一个缺口供被包围的敌军逃跑。过去我对此常半懂不懂，为什么花了那么多功夫包围敌人，却要有意为敌人留一条退路呢？难道是为了放虎归山，好让对手有朝一日东山再起吗？直到半年前，我才得以参透其中的真谛。

六年级的一次辩论会上，平时有些能说会道的我，自然义不容辞地成了正方的一名辩手。端坐在椅子上的我，一边仔细端详着正反双方的话语，一边快速调动着平时积累的素材，从旗鼓相当的辩词中，摸索着对方的漏洞，由此把话题带向有利于我方的局面。辩论的题目是"金钱和尊严哪个更重要"，因为是很常见的话题，大家都有一定了解，场面一直相持不下。我们正方试着以退为进，从反方的角度分析利弊，假装处于弱势，但避免我方辩词中出现任何漏洞，而一步一步把反方引入我们设计的陷阱。终于，在反方一辩陶明的话中，被我抓住了把柄，便利用他的这一点点失误，把早已准备好的辩词脱口而

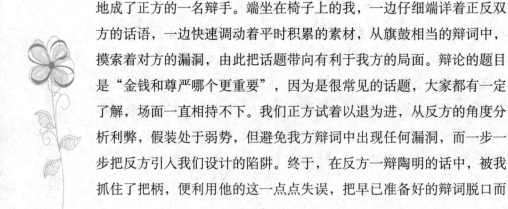

出，对方一时语塞，眼看即将败下阵来，我打算乘胜追击，可座位旁的丁晖却用手轻轻拍了一下我的肩膀，小声对我说："给他们留条后路吧，现在反方败局已定，说太多只会让他们更没面子。大家都是同学，何必呢？"我有些不服气，但终归还是听了同学的意见，安静地坐下了。

下课铃恰巧打响了。反方辩手如释重负地叹了口气。反方陶明同学用感激的眼光看了看我和丁晖，和我们紧紧握手，一道走出了教室。

一个多星期后，我们班对辩论会的热情仍未消退。班主任利用班会课的空档，让我们又举行了一场。正反方辩手还是我们四个，我坐在椅子上，多了一份得意。上次已经输给我们了，这次还能怎么样？大意之下，我被对方抓住了破绽，然而，反方却没有乘胜追击。此时，我分明看到，陶明也用手，轻轻拍了拍身边正打算反击的杨军。

辩论会虽以平局结束了，但我知道这次辩论已经输给对方了。

我坐在椅子上发起了呆，这就是所谓的"围师必缺"吗？我终于理解了它的意义。原来那条退路不仅仅是留给别人的，同时，也是留给自己的。

喜　欢

吴欣睿

我家院子的两旁，各栽有一株红山茶。

离山茶树不远的地方，是邻近着房子侧壁的小区景观河，中间只夹着一条窄窄的过道。童年的我，总爱拾起整朵凋落在草丛中的山茶花，穿过被青苔染绿的石阶，小心翼翼地蹲在河边，把拾来的花瓣轻放在水面上。河水不深，顶多只能没到膝盖，可以清清楚楚地看见水草和游鱼。山茶花瓣泡久了，变成半透明的红色，散发出淡淡的茶香，在水草的陪衬下，分外动人。

我便从那时开始喜欢山茶花的。

每年，过完年后从乡下返回的我们，总能发现门前的山茶花已经开了，每一株上都缀满了盛开的鲜花，那有如绸缎般细腻的花瓣，从中间一层一层绕开，小小的柔软的花瓣被呵护在最里面，形成一个又一个的同心圆，那颜色也仿佛随着一个又一个圆，慢慢沉淀在花蕊中心，像墨一样一点儿一点儿晕染开来，展现出鲜艳的有如朝阳般的火红色。在翠绿如玉脂般的枝叶的映衬下，格外显眼。轻嗅着那茶花独有的清香，仿佛是品茗一杯上好的香茶般舒畅。如此美丽的色、形、味，怎不令人喜爱呢？

可是，仅仅七八天的光景，山茶花就谢了。望着满地的落花，我有种说不出的失落。一年的积蓄，为何偏偏选择最冷的早春开放？为何只开这么几天就凋零一地？花为谁红，蕊为谁黄，如此开花又能遇到几只蜜蜂采蜜？

有一次闲聊，我把对山茶花的失落告诉了爸爸，爸爸却说："山茶的美在于它不会腐朽在枝头，而会在最美的一刻凋零。"哦，原来山茶花具有这样的品质，我不禁默默微笑、点头。山茶花把自己最美的一刻，留给早春，留给我们。

此后，我喜欢山茶花又多了一个理由，不仅仅是因为它的美，更因为它那不同于群芳的品质。也许，这才是山茶花存在的价值吧。

那道月光伴我成长

缪叶君

那月光，轻轻地，洒向人间。似碎银一般散在地上，给这个世界增添了些许静谧美好。

又仿佛看见，外婆在家门前模糊的，朦胧的，几欲看不清地摇着蒲扇的身影，慈爱安详。

如果我没有记错的话，外婆今年六十了。但在我心目中，她依旧似当年一般——年轻、精力旺盛。唯有那突兀的骨节和常常汗水涔涔的额角诉说着时间带给她的苍白与无力。

她，在距我千里之外的地方——我那遥远的故乡。

外婆是地地道道的山里人。年轻时颇爱唱山歌，即使是老了，在家中做农活时也时不时地会哼上几句。

还记得小时候每次归家，我总爱在那繁星满天的夏夜搬把竹椅坐在门口，听外婆唱那远去的美好，象征着她青春岁月的山歌。

有了我这个听众，外婆愈发地兴致高昂起来，一曲又一曲，久久不愿停歇。

有时候外婆唱歌时我就看着她，帮她撩起那耳旁的苍白的碎发，帮她拂去那额间细纹。不知是不是我偶尔犯困，有时朦胧中竟会看到她眼中含着晶莹的泪花。

是想念逝去的亲人了吗?

是追忆过去的时光了吗?

是不舍少见的外孙女了吗?

有时听着歌,就不自知地甜甜地睡着了,恍恍惚惚中总能听见外婆那细腻柔和的噪音在我耳边回响——

"孩子啊,等你长大了以后也要常常来看看外婆呀,一年都不见一次,我跟你外公在家对你是多么挂念啊。孩子啊,等你长大了一定要好好学习,要过上很好很好的日子。孩子啊,等你长大了莫要离父母太远啊,思念的滋味可不好受啊,有点儿什么事想看都看不到……"

轻柔的月光笼罩着这一老一少,咸涩的泪水从眼角滑落,落在我的脸颊上,凉丝丝的。

朦胧中,也能感觉到她颇有些吃力地曲身抱起我,一步一步地向前移着,迈过门槛,将我轻轻放在床上,瘦削的手臂因肿胀酸痛轻轻地摇晃着。

110

在外婆家的数个夜晚,伴着这轻柔的月光,伴着外婆甜美的歌声,我悄然入睡。

如今,与外婆仍是少见。

但不一样的是,在那些皎月当空的夜晚,坐在门前,我时常会想起远方的外婆,想起那家门前模糊的、朦胧的、几欲看不清地摇着蒲扇的身影,慈爱而安详。

那道月光,伴我成长。

登硬石岭记

徐 芸

春节将至，喜悦的气氛感染着村里上上下下，传递到每家每户，我和表姐准备去爬硬石岭。

那并不是一座很有名的山，但人们经常来此锻炼身体，放松心情。阳光明媚，路上表姐骑车带我，身旁是开阔的农田，几头老牛悠闲地在田里散步，或是低头吃草，或是轻扬尾巴，旁若无人，闲适自在。风柔柔地吹着，好像在抚摸它的孩子般轻柔，阳光肆意地撒在身上，带给全身上下暖意，感谢温柔的暖冬。穿过这片农田，是一家村庄，孩子们在家门前玩耍，女人们进进出出好像在忙活着年事，老人们则享受着日光浴，勾勒出一幅纯粹的乡村图。

大约十五分钟的车程，终于抵达了山脚，我瞧见山上好像已经来了不少游客，再看身旁，是大片的水田，那水田并不是对称的，而是这一块，那一块又紧紧贴着，交叉错杂地分布着，田埂将水田分割成大小不一的几部分，水不是清澈如水晶的，而是碧绿如翡翠，没有冬天的死板，依旧是活水，不时看到水面荡起波波涟漪，或许是鱼儿轻啄水面，几间砖瓦盖成的屋子静静地站在岸边，守卫着这片田地。我想：那应该是水田主人休息的地方吧。我和表姐决定开始攀山，石阶没有被磨得很光滑，有些不平整，枯黄的树叶洋洋洒洒地飘落在台阶上，踩在上面"咯吱咯吱"的响声，诉说着冬日的故事。

十分钟左右后，到达山腰，仅是一点儿路程，却已气喘吁吁，山腰处有一栏杆，趴在那栏杆上，脚下是葱郁的树木和水田，从高处看那水田，周围是一圈忠诚的卫士——树，它们倒影在水中，微风轻起，那影子变幻成一条晃动的光带，阳光下那水面波光粼粼，像是蕴藏着珍珠一般，头顶是一望无际的蓝天，闭上眼，一身的疲倦好像被风悄悄吹走，并不感到寒冷，这是暖冬的恩赐。

休息了一会，我们继续前进，路上，人们卸下厚厚的衣裳，脚下的石子好像阻挡着我们前行，但决心是它拦不住的。山顶就在眼前，在心中为自己加油鼓劲，山顶的凉亭显然是让人们休息的好场所，我向下俯视，一切好像都变得渺小起来，水田的远处是无垠的绿色，有一种"会当凌绝顶，一览众山小。"之感，远处的山，与天浑然一体，有点儿朦朦胧胧的色彩，但可见它流畅的轮廓：从低处缓缓向上起伏，又平稳的滑下，旁边又是座山，连绵着。山脚有星星点点的白色，像明珠般点缀着，我想：那应该是人们的房屋吧，是啊，一山更比一山高，尽管登上了巅峰，但不要忘记，人外有人，天外有天，凡事并不是最好的，一定会有更好的。

一抹夕阳染红了天边，余晖倾泻下来撒在原野上，大地好像披上了金色的地毯，我们离开了硬石岭，回头凝视那座山，整座山沐浴在阳光中，格外美丽。

校园冬色

袁慧玲

    当寒风在我耳边说着悄悄话，弄得我面红耳赤时，我知道，冬天来了。校园的冬天是极具特色的。

    迈入校门，只见学生们一改往日的活泼劲儿，全都换上了笨重厚实的衣服，缩着脑袋，手插在口袋里慢慢踱着步子向前走。

    一直向前便来到了教学楼边的花圃，先前的金桂飘香早已不复存在，留下的只有深青色的桂树叶子。那几棵广玉兰依旧挺立，只是在寒风的吹拂下少了洁白纯净的花朵，也依旧是那样的黄绿叶子，绿的那一面就像打了蜡一般，偶有阳光照射，金光闪闪，恍如碎金，分外美丽。走在花圃的小径上，常有黄叶飘落，似蝴蝶轻飞，又如舞者妖娆的身姿，不经意间踩到地上的枯叶，发出"咔嚓、咔嚓"的清脆响声，哦，这也许就是冬日的赞歌。

    穿过花圃转个弯就到了教师办公楼，映入眼帘的便是一棵不知名的、掉光了叶子的树，哦不，还有几片叶子不甘向这寒冷的天气屈服，毅然立于枝头，虽然在不久的将来，它们可能会掉落，但此时，它却是风中的强者。在这棵树旁有一小丛竹林，翠色依旧，凝神倾听却也只有"沙沙"细语。而给我印象最深的还是那棵比三层楼高的水杉。春夏季节的它是朝气蓬勃的，一身葱绿不免给人带来一种青春活力，然而今非昔比，现在的水杉多了几分沧桑与萧条，树叶成了渐变色，由红到微绿，每到这时总听得打扫包干区同学的抱怨声，怪那"天女散花甚美，然落地成堆"。

不知不觉到了午餐时间，吃完了饭，我总习惯性地从小门出来，途经假山池塘，总会驻足观赏，高高的假山上还镶嵌着小凉亭，透露着一股浓郁的古色古香的气息。池塘里住着一只乌龟，平时几乎每个中午都会爬到一块凸起的石头上晒日光浴，最近却未曾见过它，可能也是因为天气太冷，冬眠了吧。

我回到教室，闭上眼睛回想这一切的一切，心中不由慨叹：世界很大，而当你真正静下心来仔细观察，便会发现，原来仅仅是一个校园，也能孕育出如此别样的美！

114

巍巍长城

田韵妍

人们都说："不到长城非好汉。"我也总是盼望着能有一天登上巍峨的万里长城，做一回好汉。终于，今年去北京，我的愿望得以实现。

我们自己驾车前往长城，光是在公路上行驶，都能看见在崇山峻岭之巅的若现若隐的"巨龙"，连绵不绝，这让我很是兴奋，恨不得身上能长出翅膀，立刻飞上去。来到长城脚下，人山人海。登长城有两种方式：坐缆车和自己登，大家一致决定自己登长城。看着眼前略

显陡峭的石坡，我的内心还有一丝不可置信：我真的来了吗？这就是中华民族的脊梁，那绵延万里的长城吗？刚开始时长城很陡，我拽着墙上的扶手，一点点地把自己拉上去，在山势稍微平坦一些时，我透过那凹凸的垛口向外眺望，高低起伏的群山，郁郁葱葱的树木在风中飒飒作响。远处，山巅和天空相连，灰白的天空映着树木更是翠绿如染。长城上的游人很多，我缓缓前进，时不时驻足抚摸着城砖，感受着一丝丝历史的沧桑。

行不多时，便看到了一个"周幽王烽火戏诸侯"的烽火台，我加快脚步冲进去。里面略显狭小，两侧开着小窗。毕竟爬了有些路程，我再怎么样也有些累，就坐在窗台上休息。缕缕山风吹来，似乎还夹杂着丝丝树木的清香，吹走了身上的燥热，吹走了城市的喧嚣。待休息够了继续前进，走过一段稍平坦的路后，长城的地势一下又陡峭起来，我走的胆战心惊，向上走怕仰面摔倒，向下跑又怕摔个"狗啃泥"，是不是走过窄小的台阶，上面也布满了青苔。很难想象在当初条件如此艰苦的环境下，劳动人民是如何在这陡峭的山间修筑这长城的。它不愧为中华之脊梁，华夏之象征！

再向前进一会儿，就能看到了"好汉石"。朱红的大字刻在石头上，飘逸而有力，石临绝壁，顶端翘起，大风呼啸，脚下也是一块块大小不等、形状不一的怪石，簇拥着"好汉石"如众星捧月一般。这里视野开阔，很轻易地就能看见山下茂盛的植被，向远处望，还可以看见刚刚登过的长城在山间隐隐约约。这里三面群山环绕，身后是巍巍长城，面前是陡峭悬崖，坐在"好汉石"上，听着呼呼风声，仿佛听见兵器相碰的当当声和弓箭射出去时嗖嗖的声音，一时间我也热血沸腾，这才是"不到长城非好汉"！阳光丝丝缕缕穿透云层，山间景色愈发清晰明朗，如同浓墨渲染的水墨画，长城也似乎被镀上一层金边，更显壮观。

下长城的路上突然下起了雨，小雨点滴滴答答地打在石砖上，溅起一片片水花。连绵的群山和远处的城墙也渐渐模糊起来，青葱的树木和迷蒙的雨幕，使蜿蜒的长城在淅淅沥沥的如丝般的雨中更像腾飞的巨龙，巍峨壮观。虽然被雨淋湿，但雨中长城的与众不同，让我感叹真是天公作美。

长城现在虽然已失去了其军事价值，但它是文明古国的象征。登巍巍长城，做铮铮好汉，守悠悠华夏，在长城上穿过千年风云，触摸劳动人民用血和泪筑成的万里长城，感受祖国山河之壮丽，令我终生难忘。

大厨炼成三部曲

胡 杨

116

国庆小长假终于开始喽！我早就想当一回"大厨"了！现在，终于有时间可以让我一展身手啦！

大厨第一步 ：买菜

你一定认为买菜就是拎着菜篮子在菜场逛一圈，随便往菜篮子里扔几把菜就行了吧？其实不然，看看"胡大厨"是怎样做的吧！首先要把菜单列出来，一要考虑家人的胃口，比如爸爸喜欢吃口味比较重的菜，而妈妈喜欢比较清淡一点儿的菜；二要让全家吃得荤素搭配，科学合理地摄入营养。根据这些要求，我列的菜单是：素菜有韭菜炒毛豆、青菜炒百叶；荤菜有香辣虾；汤：西红柿罗宋汤。

列完菜单，我提起篮子来到超市购物。超市里人头攒动，人们在各种商品中挑选着自己喜欢的东西。我老练地来到菜品区，照着购物清单买菜。西红柿有两种，一种三点六元一斤，可另一种只要二点五元一斤。"买便宜的吧！"我的"随行记者"爸爸向我推荐。我分别从两栏之中拿出一个给爸爸看，一个是叶蒂碧绿，另一个早就没有了叶蒂，变成了褐色。爸爸一看，朝我直点头，我趁机又给爸爸"传授"了我的买菜秘诀：不贪小便宜，贵有贵的道理。一会儿，我们就满载而归了。

大厨第二步：烧菜

韭菜炒毛豆，青菜炒百叶，相同点是火要旺，不同之处是韭菜要咸，青菜要淡。今天大戏来了：香辣虾开烧！先倒油，等油冒青烟时，将切好的土豆片倒进去，炸上一遍。随着"滋啦"一声，土豆片滑进了油锅。"哎呀！"我扔下锅铲狼狈地抱头鼠窜。铲子上的水没擦干净，遇到油立刻油花四溅，幸好妈妈及时出手相救，才避免了悲剧的发生，有句话说得好："每个大厨背后都有一位超人妈妈。"我继续投入到战斗中，取出土豆片，又将蒜片、花椒、姜片、葱段、辣椒放进锅里，煸炒一番，再把虾、土豆片、黄瓜段等放入锅中，大火翻炒一番，一边炒一边放入调味品，即将起锅的时候，撒入一把碧绿的香菜叶，大功告成！

大厨第三步：品菜

四个菜都做好了，上菜摆盘也是有讲究的，颜色要搭配开来，而且四个菜要团团围放在一起，表示团团圆圆。爸爸一看，拿起筷子就要动手了，我也口水直流三千尺，可还是忍着对爸爸说一声："快拍照！"爸爸一拍完，立刻夹起一个大虾往嘴里送，然后故意大叫一声："呀！这虾怎么这么辣！"我立刻反驳说："我是第一次做出这么难的菜，能做出来就不错了，辣了点儿，你就这么吵，那下次你做做看！"爸爸一听，立刻没了气势，继续低头吃饭。妈妈评论说："菜的长度切得不错，不过略咸了一点儿，下次注意一点儿！"我害羞地点了点头。

好啦，我的胡大厨三部曲结束了，如果你也是一个烹饪爱好者，那也可以试试哟！

生活中，那一抹亮色

周　芸

> 透明的玻璃杯中，泛着暖光的橘瓣在水中沉浮，驱散了我内心的灰暗。
>
> ——题记

深冬，腊月，家家忙碌着过年，繁忙却又幸福着。可这一切却与我无缘，在充满着消毒水气味的病房内，白花花的墙壁泛着冷光。纵然脸蛋已被暖气烘得红扑扑的，可心却仍是一片冰凉，感受不到暖意。

窗外的雪下得越来越大，由一开始碎石般的雪籽变成柳絮般的雪花，纷纷扬扬的洒落下来，敲打在窗户上，发出簌簌的声响，杂乱无章中又似乎带着点规律。我的心情也正如窗外的世界变得一片迷茫灰暗。为什么别人在家准备过年，我却就要一个人待在冷清的病房里？家人忙着过年又有谁会想到我呢？

正当我胡思乱想之际，病房门被推开了。母亲戴着布满雪花的头盔，拎着大塑料袋进来了，脖子上戴着的紫色围巾上还沾着水珠。"干吗一副苦大仇深的样子，小小年纪的，眉宇那么皱巴……来来来，看我给你带什么了。"妈说着，便给我变戏法似的拿出一大袋蜜橘。很麻利地帮我剥。我拿起一个便往嘴里送，凉，真凉啊！看到我一副不堪冷食的痛苦模样，母亲立刻想出解决办法，她倒了一杯温水，将剥好的橘瓣泡在水里。"焐热了再吃吧""嗯。"无疑，母亲的办法是很好的。

我望着玻璃杯中上下沉浮的橘瓣，被水一泡，橘瓣圆润了许多，似乎散发着橘色的光，在白色的墙壁映衬下，似乎很突兀，但似乎又很和谐。一股幸福感在我心中升腾，犹如汽水瓶中的气泡，越聚越多，最后在我的心中荡漾开来。

那橘色像一束阳光照散了我内心的阴霾，引领我走出了灰暗。不觉间，嘴里的橘瓣似乎更甜了。

119

那一次，让我难以忘怀

王雨欣

那是小学五年级的事情了，至今想起依然历历在目。正是那一次的经历，使我懂得了人生最重要的一个道理。

那是一个周日的早晨，我和妈妈一起上街吃拉面，我们各点了一碗拉面，然后在座位上默默等候。

我百无聊赖地观察四周。这时，一位衣衫褴褛的老人从门口进来了，只见这个老人的头发乱糟糟的，像一个鸡窝，乱蓬蓬的头发耷拉在眼睛上，可笑极了。他面色黝黑，骨瘦如柴，身上穿的衣服打满了补丁，一副穷酸样儿。我想大家肯定和我一样，认定他是一个乞丐。

"这么一副穷样，还进店吃面，不嫌丢人哦！"我在心里嘀咕着。

在场所有人都用异样的眼光打量着他，可他却熟视无睹，跟平常人一样点了一碗拉面坐在位置上吃起面来。他的吃相也惨不忍睹：吃起面来狼吞虎咽的，以至于嘴巴附近都沾到了油渍，再加上他脸上原本的灰尘简直就是一个大花脸！

他的种种引起在座的人的不屑与不满。周围有人对此窃窃私语了起来，有的甚至显露出一副作呕的形态。

就在这时，一位中年妇女吃完了拉面起身离开了，不一会，吃面吃到一半的老人突然也放下了筷子，径直地向门外走去了，这个脏兮兮的乞丐终于走了，店里的人似乎都舒了一口气。

可是不多久，刚才离开的那个妇女神色慌张地回来，大声地询问是否有人看见了她刚才落下的包包。

店里的人都面面相觑，继而又恍然大悟，原来……

大家你一言我一语都把刚才离开的老人放到了猜测的风口浪尖。这下子妇女失望了，她说她的包包里除了一些钱，还有许多重要的东西。这时，店里有人忍不住了说："穷也就算了，还在光天化日之下拿人家东西，这种人真是太差劲了！"

话音刚落，大家突然看到了那个熟悉的身影——乞丐老人。等到他跑回店里时，已经是汗流浃背了。他气喘吁吁地说："这是你……

你的包吧！我刚……刚追出去时，没见着你的人，心里就……琢磨着你是不是回来了，没……想到我竟然猜对了。"

　　店里的空气突然凝固了。现在轮到在场的人惊诧了，那个妇女除了惊诧，更是喜出望外，她嘴巴笑得都可以塞下两个鸡蛋了。她接过包想表示感谢时，那个老人已经消失在大家的视野当中了。"这个老人，真是一个好人。之前对他有偏见，心里真是惭愧呢！"我心里七上八下的，五味杂陈。

　　这件事虽然已经过去一年了，但我至今都难以忘怀。它让我明白了一个道理：海水不可斗量，人不可貌相啊。

生活中，那一抹亮色

柳海菲

　　生活中，有争吵，有愤怒，有喜悦……但在这其中，爱才是那最耀眼的一抹色彩。

　　母亲有一辆永久牌自行车，极旧，上面的锈迹斑斑彰显着它的岁月之悠长。放在家里与其他物品格格不入，我总是劝母亲淘汰掉这辆老掉牙的自行车，可每当这时，母亲就变得格外固执，我气不过，就背过身子和她冷战，母亲也只是无奈地摇摇头，时不时地，她还干劲满满地拿着一块布在反复地擦拭那辆自行车，眼里透露出暖暖的光芒。

　　那一次，母亲正在擦着那辆车，突然转过头来对我说："我们一起去骑自行车好吗？"我望着她眼眸中雀跃的柔情，不可抗拒地坐上了，那辆多次成为我和母亲之间发生争议的"罪魁祸首"的自行车。

于是，我开始慢慢理解母亲，慢慢地描绘出一幅幅普通却又令人珍惜的画面。

这是我和母亲的十年。母亲熟练地骑着自行车，在弯曲的道路上游刃有余。突然母亲单脚撑地刹车停了下来，我疑惑地望向四周，并没有什么障碍物，这时母亲回忆道："从前我和你外婆也经常走这条路，也是这辆自行车，也是这个时候……"突然我明白了这次亲子骑车对于我的意义了。

那是母亲和外婆的十年。母亲应该也像我一样，穿着白色的衬衫，穿着帆布鞋，露出麦芽色的小腿，坐在外婆的自行车上，望着外婆那乌黑的长发，搂着外婆温暖的腰身，一起穿梭在泛着泥土清香的小路上。突然我明白了这辆自行车对于母亲的意义了。

母亲开始返程了，我闭上眼睛，听那车轮转动的声音，随即又张开眼睛，看那回环交错的车印，仿佛镀上了一层光辉。

那一次之后，我再也不提换自行车的事情了。因为我懂得了那些承载着爱和温暖的物件，即便是再过时再陈陋，也始终是我们生活中的一道风景，一道亮丽的色彩。

想念那段温暖的时光

　　我信步走到窗前，看窗外的夜色。今天天气不错，晴空万里，月朗星稀。忽然，一颗星星闪烁起了耀眼的光芒，我凝眸，耳畔似又响起了故乡的风声。禁不住，我思念起奶奶，那个对我慈祥微笑着的奶奶，那个深深爱着我的奶奶……

我的对手是自己

周佳颖

朋友，你遇到过对手吗？当然，无论是在学习、赛场上，还是在生活、工作中，只要有竞争，必定就会遇到对手，这些对手都是实实在在地存在，但更有一个无形的对手潜藏于暗处，它可能帮你攻克前进的道路上的荆棘，也可能在你前进的路途上设置障碍，使你寸步难行，那就是——自己。有的人输给了自己，但有的人凭借勇气战胜了自己，今天带大家一起看看，我是如何战胜我的对手——自己！

一直以来我都很怕水，这缘于小时候曾掉到水池里呛过很多水，那个滋味可不好受呢！说来也不怕别人嘲笑，平时生活中，哪怕是洗头、洗脸，我都不愿意用很多的水，生怕呛到鼻子、眼睛里，因此我也没少挨妈妈的批评。可怕的事还是发生了，去年暑假的一天，妈妈拉着我的手说："走，我们去学游泳。"我顿时惊呆，立马反对："不嘛，我不要去游泳！妈妈，您难道不知道我超级怕水？我坚决不去！"无论妈妈怎么跟我解释游泳的好处，我就是不情愿，可是我最终还是被妈妈"拖"到游泳馆。

到了游泳馆，学员们都到齐了。看了一眼，我居然是个子最高的一个，最小的弟弟看上去估计还是幼儿园的小朋友。教练来了，他先教我们做手和腿部动作，动作十分滑稽但很简单，总算勾起了我

一丝兴趣，我一会便学会了。"下水，学换气！"教练一声令下，小伙伴们都跳进了水里，可我迟迟不敢下水，不停地朝窗户外看着妈妈，向她"求救"，妈妈朝我做了个握紧拳头的动作，我知道那是在给我打气助威。每次上考场、上赛场，妈妈都是这样鼓励我的。不管了，豁出去了，这么小的弟弟妹妹都可以做到，我为什么不可以？就在教练过来拉我下水的前一秒，我"扑通"跳下了水。可是没想到才坚持了三秒钟，我就已经憋不住。水已经"咕噜咕噜"地直往嘴里灌，鼻子也惨不忍睹，水一个劲地往里钻！赶紧把头从水里探出来，痛苦至极！我好想放弃，游泳对于我来说太难了，教练似乎看破我的心思，对我说："越是害怕，越做不到，你现在最大的困难不是方法学不会，是你没有突破自我，你就要被你自己给打败了，你甘心吗？""不甘心！"看着比我小很多的弟弟妹妹们都已经开始反复练习换气，我却还在纠结下水，太不应该了，我一定要战胜我自己！于是，我开始一步步按照教练的指示，吸了一大口气，再把头埋入水里，果然比刚才憋得久，我顿时心花怒放，冲着妈妈喊："我会憋气了！"，窗外的妈妈朝我竖起了大拇指。

125

"功夫不负有心人"，经过几天跟水的亲密接触，我终于对水、对游泳不再产生恐惧，反而渐渐由恐惧变成了喜爱，最后，我能像一条鱼儿在水里能自由自在地游来游去了。

通过这件事让我明白了：只有战胜自己才能成功，才能进步。生活中真正的对手是你自己，真正的敌人也是自己。我们只有清醒地认识内心世界恐惧、懦弱、孤独的影子，并且战胜它们，才能够战胜自己、超越自己，最终走向成功的彼岸！

我和我的对手

王佐嘉

"王奕栋，100分！"瞧，这就是我的对手——王奕栋。要赶上他，可真不容易！可是天性不服输的我还是有勇气和他比一比的！

一、奥数

"这到底该怎么做呀？""这题目也太难了吧！"同学们正在研究奥数题呢！我总算找到了一条线索，无意间眼睛一瞟，什么？我愣住了，手中的笔掉了下来——王奕栋已在思考另外一道题了，看来，这些对他来说是小菜一碟呀！好，愿赌服输。现在分数是：1比0。王奕栋领先。

二、期中考试

不比谁的数学好，咱就来比一比期中考试谁总分高。考试前一天，我拼命复习，只希望三门功课的总分能够超过王奕栋。终于，考试的那一天到来了，我一拿到试卷，便开始做起来，奋笔疾书，自信的我不一会儿便写完了。我向同桌一望，哈哈！还没写完呢！可是再

看王奕栋，呃……他早就写完了，现在正认真检查呢！不知为什么，我心里有一种不服气的感觉，埋头开始检查试卷。查着查着，我的脸蛋"刷"地一下子红了，要不是王奕栋的行为提醒了我，我考试会出现更多错误！最终，他以二百九十分战胜我考的二百八十七分。好吧，现在：2比0！王奕栋又领先了。

三、认真专注

不比学科的成绩，那就来比比谁更加认真专注！下课了，大都离开教室去玩了，唯独王奕栋正在津津有味地看《百科全书》呢！我走上前去，观察着他。徐子乐突然"冒"了出来，开始骚扰王奕栋，可他一点儿也不分心，对一旁的徐子乐置之不理。徐子乐悻悻下场了。我粉墨登场了！我大吼一声："啊！王奕栋，你看看你脸上，有饭米粒！"王奕栋还是沉醉书中，我捅了捅他，他还不惊醒，还嘀咕道："哦，原来如此！原来他的本领这么强大……"我垂头丧气，看来，我又输了呢！平时在家中，连一只苍蝇飞过去，我都觉得吵，怎么能和王奕栋比呢？我认输！不用说，结果王奕栋以3比0赢了我，而我也输得心服口服。

"唯一能持久的竞争优势是胜过竞争对手的学习能力。"盖亚斯说得好！加油，王佐嘉！用你的学习能力胜过王奕栋！这就是我和对手王奕栋的竞争故事！我会以他为榜样，不断超越，不断进步的！

她，是我前进的动力

邓一诺

"吾畏对手乎？不畏，对手乃吾前进之动力也。"这句话在我的脑海里留下了深刻的印象。她，就是我前进的动力。

瞧，那边走来了一位女孩，她就是我的对手——王佐嘉。一头乌黑的头发扎在脑后，炯炯有神的大眼睛释放出无尽的能量，强劲有力的四肢伸展着，可不能小瞧她的"其貌不扬"的"大长腿"。

我可是班里有名的"飞毛腿"，跑步成绩一直名列前茅，而王佐嘉这位"闪电侠"却与我不相上下，是我最强的竞争对手之一。又是一节体育课，大家满心欢喜，没想到体育老师宣布："今天我们来测二百米赛跑。"同学们有的愁眉苦脸，唉声叹气；有的喜笑颜开，兴高采烈……我眉飞色舞：哈哈！二百米对我来说真是小菜一碟！"苍天啊！你怎么可以这样对我！"我惊讶得目瞪口呆，我和王佐嘉又是一组！我已经败给她两次了，这一回不会又是她的"手下败将"吧？

我目不转睛地盯着老师，等着"起跑"的命令，生怕浪费半秒。开始了！我们就像离弦之箭从起跑线上飞快地冲了出去，身后传来阵阵"加油"的呐喊声，我不敢放松一下，偶尔还瞥一眼王佐嘉。不好！她要超过我了！我咬紧牙关，使出吃奶的劲儿，奋力向前冲，以超出她零点一秒的时间，战胜了她。

　　我成功了！我再也不是王佐嘉的"手下败将"了。此时此刻，我虽然头上渗出汗珠，脸颊通红，但我依然挂着喜悦的笑容。她虽然输了，却兴奋地祝贺我："邓一诺，你真棒！"我难以置信，在为对手喝彩这一点上，她又战胜了我，我要向她学习。

　　"对手是吾一面镜子，能照出吾身上的'小'来。"对手，您好！您是我前进的动力！

一个不得不说的故事

陈彦潼

　　对人对事要存感激之情，要有敬畏之心，特别是面对你的对手时。对手让你成长，让你更强大！

——题记

　　有人说，对手是你战胜的对象，要想尽办法击败她；有人说，对手是竞争的伙伴，要在竞争中共同发展；有人说，对手是论坛上的辩友，失去了一方，另一方也会失去意义……

　　那么，对手到底是什么呢？我认为，对手是你相伴而生的"敌人"，但也是"朋友"，绝不同鸡肋那般——食之无味，弃之可惜。在这世上没有绝对的强弱之分，矛盾的双方常常是可以转化的。

　　我有一个亲密无间的好朋友——张嘉，但她也是我的竞争对手。她的成绩总是和我旗鼓相当，甚至是同学们心中的第一。可是，一学期期末，在"三好学生"的评比中，我竟然未能上榜。霎时间，我成为同学们的笑柄。"一个堂堂的所谓好学生，竟然没有评上'三好学生'，可能是绣花枕头啊……"听到各种评论，我心情沮丧到极点，心底更是窝火，满满的不服气。为何她能？而我却名落孙山？怎对我如此不公？当时，我很难接受这一事实，心里满满的不服气，窝着火，疾步奔向办公室，去找班主任倾诉我心中的不满。"潘老师，在这次三好学生评比中，为何我不能评上？"潘老师抬起头，微笑地看着我，语重心长地对我说："评上三好学生的基准条件是德、智、体全面发展，张嘉同学，在日常的学习生活中，有同学向她问题目时，她总是不厌其烦地解答。乐于帮助班上成绩差的同学，有很强的集体感。每周的劳动日，在完成自己的任务时，还积极地帮助其他同学。作为学生在学校成绩好固然重要，全面发展才是老师更乐意看到的，懂了吗？"我木然了，仅一个"德"字，就阻止了我拿奖的步伐。

从此，我下定决心，哪里跌倒，哪里爬起，才能全方位地征服我的对手。每当在路上遇到行动不便的人，便主动上前帮助他们；每次早晨进校时，我都会和校门口值班的老师、保安爷爷微笑着问好，希望他们一天的工作都顺顺利利；在班上，有同学有不懂的题目问我，我都耐心地一一解答……我将这一切化为一种习惯，视为前进的动力。

又一个学期结束时，我怀着忐忑的心情拿到了"金坛区追梦好少年"证书，我一蹦三尺高！原来我的每一点儿付出，每一点儿进步都是值得的。我兴奋至极，我超越了对手！

我就是那一叶轻扬的小舟，因为千帆竞渡，才有了乘风破浪的勇气；就是那一簇簇雍容的鲜花，因为群芳争春，才多了沁人心脾的一脉幽香；就是那一只振翅的雄鹰，因为百鸟翔空，才抱定划破苍穹的亘古信念。万物，在竞争中更欣欣向荣，更璀璨夺目！

"漫江碧透，百舸争流"，是对手给了我们前进的动力；"鹰击长空，鱼翔浅底"，是对手创造了勃勃生机的漫漫人生路，请让对手与你相伴！珍视对手，我们就会获得一股不衰的力量。

对手，您好！我喜欢对手！遇到强大的对手，岂不是人生的一件幸事？

三八节，我在行动

唐瑜荣

又是一年桃红柳绿、草色青青时，"三八"妇女节快到了，我不禁为送什么礼物给妈妈而发愁。

我想：不如我自己做个蛋糕吧！不行，太老土；不然我买束鲜花吧！不行，太俗气；要不然我亲自下厨做一顿晚饭吧！还是不行，这个太概没人敢吃……突然，我眼前一亮：朱老师昨天说了，明天要考试，我可以用成绩来当礼物呀！

第二天考试开始了，题目都非常难，我过五关，斩六将。谁知，突然冒出来了一只"拦路虎"将我"拦"住了。我为它绞尽脑汁，用了数不尽的脑细胞，但是这只"拦路虎"还是扫除不了它。下课铃声响了，我急得满头大汗，我的同桌见状把答案悄悄地告诉了我，我想这是给妈妈的礼物怎么能弄虚作假呢？最后我迈着坚定有力的步伐走上了讲台，把试卷交给了老师。

第三天，试卷发下来了，那道题果然是错的，我想了又想，最后鼓起勇气把试卷带回了家，准备交给妈妈。

到了家里，我什么也不说。晚饭后，老妈神采奕奕地走过来，对正在做家作的我说："小子，今天有什么事没干啊？快快把东西交出来。"我说："妈妈，你把眼睛闭上，我马上把礼物给你'变'出来。"老妈把眼睛闭上，我把试卷从书包里拿了出来，放在桌子上，我说："老妈，你看吧。"她睁开眼睛看了看九十八分，便有点儿不高兴了。她又看了看错题，叹了口气，说："唐瑜荣啊，这题虽有难度，但你也应该会啊。"我说："妈，其实这九十八分是有一个故事的，我说给你听……"我把故事一五一十地讲给老妈听完。老妈说："嗯，儿子啊！这个礼物你送得好，虽然不是一百分，但是这礼物显示着你拥有诚信的美德，这份礼物可以说是'无价之宝'。"听了这番话，我忍不住上前亲了老妈一口。

礼物不需要价值连城，不需要十全十美，更不需要虚情假意……只要这份礼物代表着你的真情，那这份礼物就是最美好的。

132

难忘妈妈的教诲

李诺晗

妈妈的教诲，是温暖的，是耐人寻味的，也是令人难忘的……那一次，妈妈语重心长的教诲令我刻骨铭心。

我的生日到了！八个同学带着他们的礼物来为我祝贺，而我最关心的，是他们送我的礼物。

到了下午三点，同学们都回了。我怀着激动的心情准备拆第一份礼物——陈彦潼的礼物。我一边疑惑礼物是什么，一边拆开那精美的红色包装。打开一看，呀！是一本法国作家写的名著——《海底两万里》。我十分开心，迫不及待地将它放进书架，又兴高采烈地跑回去，拆第二个。我有些期待，又略带疑惑，想知道礼物究竟是什么的我，迫切地拆开了那个黄绿相间的礼盒——李小凡的礼物。"什么！就送了我一个发卡？现在这年代，哪还有人用这种土发卡呀！"我火冒三丈地喊着。这时，我脑中灵光一闪，对了！既然她送了我这么土的礼物，那我就在她生日时再把这个礼物回送给她。哼！谁让她小气的！

"拆了她的，都没心情啦！"我不耐烦地说着，接着又拆了那个包装的最简陋的礼盒——储霖的。"就一个青苹果！现在社会，哪还有人吃青苹果，都吃蛇果什么的，而且青苹果很酸，都要酸掉牙啦！真是的，一点儿心意都没有，扔垃圾桶里算了！"

……

终于，礼物都拆完了，虽有八份礼物，但只有两份礼物令我满意，其他都土的土，没用的没用……

133

黄昏时分，妈妈下班回家了，她望着垃圾桶里的苹果和其他东西，疑惑不解地问我："你怎么把苹果扔进垃圾桶里呢？"我回答道："储霖送的，我不要吃。"妈妈叹了口气，说："孩子，储霖是不是很喜欢吃苹果啊？你不是说他每天中午都要吃苹果吗？他能把自己最喜欢吃的东西送给你，难道你不应该珍惜这饱含友情的礼物吗？还有，李小凡是不是很珍惜她的发卡呀？她能把她喜爱的发卡送给你，这份友情，难道你不应该珍惜吗？"听着妈妈语重心长的教诲，我脸红了，如一个火红的苹果，看着那些被我嫌弃的礼物，我愧疚极了。妈妈的教诲使我明白了：礼物不分贵重。它，都是饱含情意的美好事物，面对这份情意，我们应该珍惜。

那一次，妈妈的教诲令我受益匪浅！那次的教诲令我刻骨铭心，

点一盏心灯

最美好的礼物

吴 娜

礼物，有的是精美的，有的是贵重的，有的是别具一格的……即便是平平常常的，也代表着送礼物者的一份情谊。

这是夏天的一个早晨，太阳公公开始了一天的工作，把它的万丈光芒喷吐出来了，似乎划根火柴就能把空气点燃似的。公鸡"哦——哦——哦"的叫声将人们从睡梦中叫醒。年仅四岁的我起床后，戴了个白色的小遮阳帽跑到屋外的田地里，发现喜欢听京剧的爷爷正忙着照料蔬菜，只见爷爷一只手拿着水壶，一只手小心翼翼地抚摸着蔬菜，犹如一位父亲在照料自己的小孩。爷爷已经满头大汗，汗水浸透了爷爷的衣衫，如同被水洗过一般。有时爷爷直起腰来边擦汗，边微笑……看了一会儿爷爷的劳动，我觉得肚子饿了，便告别了爷爷，从田埂上返回家，准备找东西吃。回到家，找到饼干后津津有味吃着的时候，我突然想到了，现在不是京剧广播开始的时间吗？我打开收音机，那荡气回肠、响彻云霄的京剧令我如痴如醉，仿佛进入京剧的世界。我眼骨碌一转：爷爷最喜欢听京剧了，我要和爷爷分享。可是长时间拎收音机我又拎不动。如果两手空空过去，京剧要是跑掉了怎么办？咦，我可以把收音机藏起来！

厨房间不行，没有地方藏，放在床单里可还听得见那余音绕梁的京腔。我使出吃奶的力气，从衣橱里"拖"出两床被子盖在了收音机上，终于听不见京剧的唱词了。

我到田里去，拉着爷爷的手说："爷爷，跟我回家去，给你个惊喜。""什么惊喜，透漏一下呗！""不行，告诉你那就不是惊喜了。""那好吧！"我一路上又蹦又跳，不一会儿就到家了。

"爷爷，找找我给你的惊喜吧！"爷爷在客厅、厨房间绕了一圈："没有啊！""爷爷，你怎么这么笨啊！给你个提示，不在客厅、也不在厨房间。"爷爷一眼便看到了卧室的床上盖了几层被子。"你这个小调皮，你有这么冷吗？""爷爷，你真是越来越不聪明了！""哦，你肯定是把惊喜藏在被子底下了！""爷爷，你终于开窍了！爷爷，请！"爷爷掀开被子，只听见收音机里播起了："北京，多云，最高温度三十七度；天津，小雨，最高温度三十六度……"我突然哇哇大哭起来，爷爷擦干了我的泪水，笑着说道："别哭了，其实你的礼物我已经收到了！""爷爷，你怎么会收到了呢？"我结巴地说。"你给我的礼物不就是收音机里播放的京剧嘛！其实我在回家的路上就听到了！""那为什么我没听到呢？那是因为你又蹦又跳，注意力不集中！而爷爷我注意力集中，就像我种菜一样，谢谢你，我的心肝小宝贝！谢谢你的这份最美的礼物！"

长大后的我觉得：爷爷那天真的收到了我的礼物。虽然那份"礼物"不精美，不贵重，也不别具一格，但却是爷爷眼中最美好的礼物。

看不见的礼物

张子凡

当收到礼物后，可能欢喜，可能激动，可能羞愧，可能厌恶……以上这些情绪也可能在你收到礼物之后接踵而至，久久萦绕在你心头……

啊？你不相信收到礼物后会羞愧吗？别急，接下来我将向你述说我的辛酸史：

136

一天中午，在清脆的下课铃"丁零零"打响之际，冯老师把我"请"到办公室。我打量宽敞明亮的办公室，办公室里现在仅有一位年轻的女教师，她正批阅同学们的试卷。冯老师拉开办公桌抽屉找着东西。我停止对办公室的打量，脑海中却冒出几个小精灵在七嘴八舌地谈论："叫我来干什么呀？""不会要训斥我吧？""有种不祥的预感！""我肯定要遭殃了！"……它们你一言我一语吵得我心烦意乱，心里有二十五只兔子——百爪挠心，直痒痒。

冯老师不再找东西了，他和颜悦色地对我说："子凡呀，最近你表现'很好'，所以为师今日赏你一个礼物如何？"我小声地嘀咕："咦？我跟平时表现都差不多么，上课一样认真听，作业一样认真书写，表现又哪里突出了呢？"我寻思：会不会冯老师终于知道我的好了，苦尽甘来呀！又转念一想：冯老师平时幽默风趣，会不会

说的是反话呢？想到这儿，我背上冷了起来，不等我再想，冯老师又开始翻找东西，一边还自言自语道："今天太匆忙了，也不知道塞哪儿去了！"我站到腿麻，这时只听冯老师笑着说："嘿！礼物在这儿呢！"我朝老师手掌看去，咦？空空如也，连根细微的毫毛也看不见，我丈二和尚——摸不着头脑：奇了怪了，老师该不会在逗我吧？如果没有逗我，那礼物又"跑"什么地方去了？

老师那洪亮的嗓音回荡在我的耳边："来，子凡伸手接过'礼物'，当心别污染了！"我不解地伸出手，冯老师"捧"着礼物小心翼翼地"放"到我的手里。老师露出"狡猾"的微笑问我："子凡，你看出'礼物'是什么了吗？"我尴尬一笑说："总不可能是空气吧？冯老师，我不知道。"冯老师摇摇头："不，你早已猜出来了！就是空气！"我不可思议地望着冯老师。冯老师含笑问我："子凡，你知道我为什么要送你空气吗？"疑惑的我把脑袋摇得跟拨浪鼓一样。冯老师一步步启发我："昨天下午写字课上……"

我这才恍然大悟，哦！昨天下午写字课上，我打了个喷嚏，把鼻嚏擤出，直接向地上一甩，还用脚尖扭了一扭，鼻嚏沾在地面上，打扫卫生的"童鞋"会很费劲，而且这是种不文明的行为！我干了件"大好事"，它令我羞愧万分！我接过"礼物"身上如有千丈高峰、万重云海压着我！我下决心再不做这种不文明的事了！

礼物代表着一颗心、一份情！老师送给我的这份看不见的礼物珍贵无比！值得我刻骨铭心地去记住它！它必将随时随地地督促我，督促我做个文明好少年……

阅读榴梿之味

徐思悦

全身布满尖刺，土黄色的皮壳里包裹着乳黄色的果肉，奇特无比。这便是榴梿——妈妈的最爱。

阿姨熟知妈妈的喜好，从深圳出差回来带给了妈妈一个惊喜，可却成了我的噩梦——一大箱榴梿，从此，家里就被榴梿特有的臭气所弥漫。我叫苦不迭。

我气愤、无奈又不解。终于有一天，气冲冲地问妈妈为什么如此喜爱榴梿。妈妈吟吟笑望着我，随意道："榴梿，留念。"说着便引开了话题。妈妈吃得很慢，这股味道便一直在持续，为了让榴梿早日从家里消失，使那股臭气从鼻端抹除，毕竟那种滋味实在不好受，我准备替妈妈速战速决。

捏着鼻子剥开带刺的榴梿壳，将乳黄色的果肉放入盘中，三下两下将外壳扔入了垃圾桶，用大勺挖了一口放入嘴里，我惊疑了，即使捏着鼻子，也无法阻止那股甜香流入心田，沁入肺腑，谁又能想到，那样其貌不扬的外表，那样惹人生厌的气味，竟能给品尝者如此甜蜜的味觉惊喜？待果肉滑入食道，唇齿间涌动的甜蜜化作一阵清香，流连在齿间，经久不散。

这时，脑中浮起一句话："榴梿，留念。"那是妈妈对她为何喜爱吃榴梿的唯一解释，想起妈妈一直追随于我的目光，我了然悟了。

妈妈总是问我："以后要去哪里？"

"很远的地方。"我总是不假思索地答。

也许在妈妈看来，我一直想离开她的身边，像翅膀长硬了的小鸟一般飞向远方。妈妈很想将我留在她的身边，这大概是天下母亲的通病，毕竟，有哪个母亲希望孩子离开自己呢？

我想起了小时候，整日地黏着妈妈，到哪里都跟着，以至于无论何时，妈妈身后总跟着一个小尾巴。如今，一日又一日刻板的学习生涯令我变得跟机器人一样呆板，繁多的作业令我不再嬉戏玩闹，妈妈一直在留念，留念初为人母时的喜悦激动，留念身后跟着一个小尾巴时的无奈和欢喜……

阅读榴梿之味，留念唇齿间那抹清香，心头萦绕不去的是妈妈的爱。

139

那束美丽的阳光

颜　妍

窗外，阳光琳琅，岁月静好。不禁地，我又想起那一张张可爱的脸来，熟悉的，不熟悉的……

你伸出不再年轻的双手，轻轻拉拢我敞开的衣襟，一脸的温柔："敞这么开，冷吗？"我不语，忽然发现你已经比我矮下了半个脑袋。四目相会，虽然你的双眸还是那么柔和，却不再清亮，有些浑

想念那段温暖的时光

浊，还纵横着缕缕血丝。眉眼笑着，顺着深深的鱼尾纹一圈圈荡漾开来。见我不应声，你又紧紧我的衣襟，埋头把外套的拉链慢慢地拉上，喃喃低语："真的不冷吗？拉上吧，受凉了真的不舒服……"你不紧不慢的语调让丝丝的冷意变得温暖起来，沙哑的声音如那亘古不变的阳光，静静普照，令人舒适、安心。

——窗外，绽放的晨曦也不及你温和的眉眼。母亲啊，你老了，瘦了，我却还想扑进你的怀里，与你相拥，融进金色的晨曦里。

课间，你走到我跟前，将暖暖的水杯一把塞进我的怀里，顺势将我的掌心贴住水杯，又把自己的双手一股脑地裹住我的手背。你微蹙眉头，不住地咂嘴："呀，这手怎么这么冷？没有一点儿暖气，小心又要生冻疮了！"顿时觉得，你掌心的暖一点点地流动我的手背。掌心的血液在苏醒，在流淌，在欢腾。水杯拥在怀里，暖了手，暖了身子，暖了心。小小的水杯，竟藏着一个冬天的暖阳。

——窗外，雪儿簌簌地落，落地生花，朵朵纯美，如我的朋友啊，你巧笑倩兮……

140

暮色四合，脚步匆匆，你走在我前面，先进了电梯间。当我走近的时候，电梯间的最后一缕灯光被收了起来，楼道里一片昏暗。"哐——"，电梯门又开了。顷刻间，橘黄色的灯光扩散开来。你站在电梯间，手指摁着电梯按钮，点头示意："丫头，你也要上去吧！"我即刻闪进电梯间。"平时不常见，看着总是生面孔。"你似乎在自我解嘲，"丫头，住几楼？""六楼。""哦。"你摁好了楼层，目光落到了手里的塑料袋上。"带点儿回家吃，路边刚买的，新鲜的。"还没等我看清，我的手里已多了一把小番茄。电梯门开了，你急急地跨出门去，又扭过头来："丫头，拿好啊……"

——手心，一掬红艳欲滴的小番茄，活像一个个小太阳，鲜亮缤纷……

一张张可爱的脸在我眼前闪过，熟悉的，不熟悉的，随之也浮现出一个个温情的眉眼，一句句贴心的话语，那么亲切与温暖，如那窗外亘古美丽的阳光，升腾起袅袅娜娜的热浪，氤氲着我……

读　　树

郭菲雅

"是她？""怎么能？"……

在同学们不可思议的目光中，我缓缓地而又坚定地走向领奖台，记忆的闸门由此打开。

春日，我打开窗户，深呼吸一口。什么香？一股淡淡的清香在空气中流淌，如天边飞鸟的身影，一下能嗅到，一下又踪影全无；又好像香炉上缭绕的轻烟，弥漫又弥散。是月季花？是梨花？还是杏花？我走出庭院，"春风如醉酒著物，举头满城春"。万花丛中，我搜索着这从未闻过的香气。

竟是广玉兰！我从未正眼瞧过的广玉兰。

从未见过开得这样盛的广玉兰，每一个枝头都被压得沉甸甸的，像地面伸去。只见一片辉煌的淡粉色，像瀑布从空中泻下，不见其发端，也不见其终极，只有深深浅浅的粉，仿佛在流动，在欢笑，在不停地生长。

我惊叹于花开之盛。在我的记忆中，只有它光秃秃的枝丫，当新春偷向柳梢归时，它还是毫无动静，死一般的沉寂。兴许是昨天，还是昨夜？一下子蹦出一树繁花。我不禁哑然了。

我轻轻走近这位冰清玉洁的仙子。花开繁密，挤得没有一点儿空隙。每一朵花像一只跃然展翅，风动树摇，让人不禁怀疑它下一秒就要飞离枝头，每一朵花的颜色都是上浅下深的粉，好像是那粉慢慢沉淀下来，又好像那颜色也是从下面向上生长的。阳光流泻，众多的花托住了它，竟没有一丝漏到地上。一整棵树就像波光粼粼的湖面，不时有泛着点点银光的水花迸溅。

在这之前，我不屑欣赏它。可现在，我不得不佩服它的喷薄之力，即使在冷眼以待中，也能开出一树繁花。

我不也是吗？多少个日夜，在同学们的冷嘲热讽，朋友不解的目光中，我咬牙坚持；在父母的劝说中，我从未想过放弃……

站在领奖台，看着同学们诧异转为崇拜的眼神，我想我已开出了满城繁花。

读一棵树，读它与不经意间创造辉煌的坚持自我，我想我读懂了。

142

慢下来，会精彩

倪羽君

生活需要慢节奏。慢慢地走，慢慢地读……慢下来，便会更加的精彩。

初 见 之 时

那天，偶然瞥见书柜里的你——诗词。轻轻拿过，飞快地翻动着，书页发出枯燥的"哗哗"声。我的眼珠飞快地转动，一目十行地读着你。"哎呀，什么嘛！一点儿也不好看，我还急着赶作业呢！"于是，我将你随意一扔，转身离开了。

相 知 之 时

夜晚，手头的事情赶完了，我又慢慢踱进了书房，又轻轻拿起了你。一束幽光，一盏青茗，慢慢地，慢慢地读着你……夜空愈来愈漆黑，月牙越升越高，我却静静地，浑然忘我地品着你。在你身上，我感受了"竹外桃花三两枝，春江水暖鸭先知"的春，欣赏了"接天莲叶无穷碧，映日荷花别样红"的夏，感悟了"停车坐爱枫林晚，霜叶红于二月花"的秋，领略了"忽如一夜春风来，千树万树梨花开"的冬……

只是一个夜晚的缓慢交谈，你便带我感受了四季的美妙，让我感到点点的精彩！

相 守 之 时

随着交谈的渐渐深入，你我便相知相守，如同知己，我不再匆忙，甘愿花上无数个日夜与你敞开胸怀，倾心交谈，倚在床头，拥你入怀，缓慢地悟着你。马虎大意时，你告诫我"一屋不扫何以扫天下"，我顿时不再浮躁，细心认真做好每一件事。亲友离别时，你安慰我"人有悲欢离合，月有阴晴圆缺，此事古难全"，我明白了人生总有别离，于是不再悲伤。遭受挫折时，你鼓励我"沉舟侧畔千帆过，病树前头万木春"，马上重拾信心，奋勇前进……

无数夜晚的神游际会，你告诉了我做人的道理，让我发现了无限的精彩！

因为慢，让我与你——诗词相知相守。

因为慢，让我感受了四季的美妙，知道了做人的道理。

慢下来，会更精彩。

如若时光倒退，我愿意在初见之时便捧着你，读着你，慢慢地……

忘不了那一碗羊汤

周敬茹

城市里已经弥漫起冬的气息，今年的冬比往年来得更早。

太阳坠下山头，一轮弯月把冷冰冰的月光铺洒在深蓝的夜空中。再过几个钟头，街上就只剩下风尘仆仆的路人了。这时，谁都渴望家中的一盏明灯、一杯热茶、一方温暖的天地。我和妈妈正在街上散步，看到路边有一家羊汤店，我们便进去喝了十月以来的第一碗羊汤。

外面很冷，可店里却是暖融融的，还弥漫着一股醇香，瞬间被暖气和香味儿包围的我都感到有些醉醺醺的了。找了两个靠里的座位坐下，我就有些急不可耐地循着香味儿的源头去了。只见厨娘把一块浸

泡在清水里的生羊肉提出水面，取出一把闪着白光的菜刀把羊肉切成小块，接着往一口大锅里倒水，加入花椒、盐、姜、料酒、小葱，一股脑儿地把羊肉倒了进去，拧开中火熬了一段时间后，再转至小火。不久，一团团蒸汽从锅里升腾而起，伴着纯正的浓香从厨房里飘逸出来……

一会后，厨娘把多余的佐料捞出锅，再撒上一层绿油油的葱末，美味的羊汤就做成了。我回到了座位上，才发现桌子上多了一盆羊汤，凑近一看，我不禁垂涎欲滴了：纯白的肉汤中飘着一块块肥厚的羊肉，略微可见的辣油在纯白的汤中沉沉浮浮，再配上鲜绿的葱末，令人欲罢不能。飘溢的浓香在我的鼻腔中滑动，甚至让我感到浑身的细胞都随之跃动了。我迫不及待地舀了一勺浓香扑鼻的羊汤，也顾不上烫嘴，送到了嘴边，陶然欲醉地闭上了眼睛，嘬了一小口，顿时感到一股暖流顺着食管流淌在五脏六腑之间，驱走了寒冷，全身都舒展了。择其中一块羊肉送入口中，鲜香嫩滑，而羊肉腥臭的膻气荡然无存了。轻轻地嚼一口，又绵又软，其中饱满的汤汁也充盈在齿龈之间——花椒的麻，葱姜的香与热腾腾的汤汁混在一起，一种简单的纯朴的美好感觉涌上心头。我觉得所有的味蕾都跳起了舞，吸吮着羊汤的独特味道。我的脸颊热起来了，手脚热起来了，全身都热起来了！就连周围的空气也变得暖融融的了……

走出羊汤店，已是深夜了，外面很冷，可是我觉得很温暖。

但我永远忘不了这一碗羊汤给我带来的幸福与满足。

品 羊 汤

许心源

三九严冬，若能坐在香气四溢的小羊馆里喝上一碗热腾腾的羊汤，是再美妙不过的了。

一进馆子，老板娘便热情地迎上来："要来个什么？"

"羊汤，加粉丝。"

"好咧！"说着，便钻进厨房忙活了起来。

我被那香所牵引着来到了厨房。只见切下的羊肉正在一个铁桶似的锅中炖着，老板娘顺手抄起一把粉丝放入锅中烫，我怔在那儿，尽情地呼吸着羊肉那独特而又吸引人的气息，心中已是十分期待……

老板娘大声招呼道："好喽。"一碗羊肉汤放到了我面前。

青瓷碗中，晶莹剔透的粉丝浸在清淡泛白的汤中，煮透的羊肉散落其间，绿油油的香菜浮在鲜汤之上，美得倒像一幅画，旁边还有一碟喝汤必配的花生。沈从文先生吃菜是讲究"格"的，我哪懂什么"格"呢，只知羊汤是极其鲜美之物。

我迫不及待地抓起筷子，赶忙拣起一块羊肉放入口中，顿时，唇齿间溢满了羊香，那浸透了汤汁的肉粘韧可口，并不像生羊肉那样溢满膻气。那股诱人的味道在嘴里荡漾开来，那从碗中溢出的滚滚热气

直扑我的脸上，此时，我已神魂颠倒，身心完全进入到羊肉那令我为之心醉的味儿中去了。我夹起一条条晶莹的粉丝，也像羊肉那样沾了沾汤汁才放入口中，不然羊汤里的一切味道都会稍微寡淡些。同时再夹上一粒花生米，那充满油香的花生和爽滑的粉丝一起下肚。或许外人是觉得这种吃法有点儿奇怪，可是我能感受到这种味道触碰到味蕾的一瞬间，我的世界里只有和我那碗回味无穷的羊汤。我看着别桌不论男女老少都成勺地往汤中放辣子油，可我认为，只有原味的羊汤才最纯正，最值得我回味无穷。

冬日，羊馆中，我，一碗冒着热气的羊汤，一碟花生，回味无穷，快乐融融。

令人回味无穷的小笼包

陈　诺

我的家乡金坛应该算得上是个吃货的天堂了。龙山豆腐，社头二呆子牛肉，长荡湖大闸蟹，开一天的小笼包……这些美食，光听名字就令人垂涎三尺了。在这些美味中，我最喜欢的是开一天的小笼包。

小笼包的做法并不算复杂，但需要多种佐料配合。小笼包美不美味，主要看馅料的制作。首先我们得在准备好的肉馅里加入少许酱油，用筷子朝同一方向搅拌，小葱切成段，生姜切成末，与鸡精、糖、胡椒粉一起放在肉馅里搅拌均匀。然后，将皮冻切成丁，放在肉馅里搅拌。接着，面粉里放盐，用筷子简单的搅拌几下，倒入清水，搅拌成形似雪花的絮状，用手将面团和至表面光滑，上盖一层布静置三十分钟后擀成面皮，厚度与饺子皮差不多。最后就是包的过程了，先在面皮上放上馅料，左手拖住面皮，右手用"拉、推、捏"的方式包馅。然后在小笼包顶部捏褶子，捏到最后一个褶子时将前面推出的部分塞入、封口，一个小笼包就完成了。

一天早晨，我随爸爸妈妈到开一天吃小笼包，只见师傅在蒸锅里放上水，在笼里上薄薄的刷一层油，放上制作完成的小笼包，开大火蒸五分钟，关火后等待一分钟。这时，小笼包诱人的香味已然悄悄地从蒸锅里飘出，直钻入我的鼻子，我不禁感到心旷神怡。小笼包出锅了，服务员把一笼小笼包端到我面前，我用筷子夹出一个放进汤勺仔细观察，只见小笼包顶部均匀地排列着十个褶子，底部一圈是薄薄的皮，里面裹着鲜美的肉馅和少许汤汁。

我慢慢地将小笼包轻轻咬开，鲜美爽滑的汤汁立刻从齿缝间流入嘴巴，顺着食道下滑，那感觉怎一个"好"字了得！然后蘸上一些醋，咬一口在汤汁里浸泡已久的肉团，不肥不腻，入口爽嫩，那真叫一个美啊！我陶醉在美味中无法自拔。爸爸的吃法与众不同，他先在顶上咬上一口，然后连汤带肉一起吃下，看他那享受的样子就知道小笼包有多么的美味啦！

小笼包虽然吃完了，可它那鲜美爽滑的感觉依然在唇齿间萦绕，在心头萦绕，让我回味无穷……

人间美味——大闸蟹

吴　润

堪称人间一绝的美味——长荡湖大闸蟹，那是令人垂涎三尺的美食极品。

家喻户晓的大闸蟹，做法极其简单，只要把捆绑住的螃蟹放进锅中煮，等那清新的香气从锅中腾起，就可以开吃了。

作为一名吃货，我对大闸蟹"情有独钟"。瞧！那灰不溜秋的蟹壳放进锅中，就像变戏法似的，重新披上鲜艳的亮红色，红中还透着夺目的橙色哩！仿佛是用珍贵的宝石，给壳边镶了几珠。我的食欲被引起了，再俯下身，闻一闻，一股令人留流忘返的香味从盘中弥漫出来，使人陶醉。轻轻拨开蟹壳，那橙色伴着鲜黄的蟹黄就展现在你的眼前，好似迫不及待地求你品品它鲜美的味儿。我的口水便不由地从嘴角流了出来，先用筷子沾些黄，慢慢放入嘴中，鲜美可口。哪里还等得及细想，一口一口地把蟹黄吞进嘴里，韧韧的，黏黏的，说不出的香，说不出的醇。如果放些醋和葱花进去，那可谓是"此食只应天上有"。接着拨开蟹脚，就会发现雪白的蟹肉饱满而又充满光泽，沾点儿醋放入口中，感觉整个人的细胞都被美味给激活了，我不顾形象地大口咀嚼，把这独特的滋味全部吸入腹中。手上满是蟹黄，桌前的蟹壳堆得似小山。齿唇留香，回味无穷。我还想吃……

想念那段温暖的时光

除了清蒸螃蟹的鲜嫩，红烧螃蟹的美味也是独一无二的哟！此外，还可以挑出蟹黄，做出令人垂涎三尺的蟹黄包等。

长荡湖的大闸蟹，可真令人回味！

不同的喷嚏

张心凌

世界上没有人不打喷嚏，没有人打喷嚏时是不闭眼睛的，也没有人打喷嚏是一样的。

首先我们将镜头转移到燕山公园里，一位身穿灰色衣服头上一顶黑帽子的年轻小伙子，正坐在长椅上，一边玩着手机还听着音乐。突然他把嘴巴张开，鼻子变得很大，还动了动，头微微往上仰，紧接着眼睛也闭了起来，就这样过了大概二十多秒，那个年轻小伙子突然头往下，"阿——嚏——"，一种普通的喷嚏就打出来了。

我们又来到商场里，一位穿着黑色连衣裙，脚踩高跟鞋，头发披散在肩上，肤色雪白雪白的女士正在和营业员讨价还价，她拿起一瓶香水闻了闻，可能觉得鼻子有点痒，便不急不忙地拿出包里的香味餐巾纸，翘起兰花指，将餐巾纸打开来，从里面拿出一张，捂住鼻子，头偏向旁边没人的地方，尽可能小声一些，打了一个优雅的喷嚏，这就是女士们通用的优雅的喷嚏。

下面来看一下粗鲁的喷嚏。一位胖乎乎，脸上有很多很多的黑胡子，头发看起来有几十天没有洗，穿着一身脏衣服的男人，上了公交车后努力向车后门移动，突然，他鼻孔撑得很大，里面的鼻毛都能看见，接着，他闭上了眼睛，"阿——嚏——"，那个男人把鼻涕都喷到了旁边人的身上，还连打了好几下，弄得车上的人都想下车了。打完喷嚏之后，他用手直接擦鼻子，被喷到的人开始骂他："你这个人怎么这样啊……"那位大汉压根就没听。

世界上的喷嚏千奇百怪，你可以自由打喷嚏，但千万不能舒服了自己而影响了他人。

"找脸"活动

王怡斐

151

在作文课上，成老师要带我们玩一个有趣的游戏，叫"找脸活动"。游戏规则是：每十二人分成一小组，每个人都要在一张白纸上描写自己脸部的外貌，让别人认出来。如果谁也认不出来，那么这个人就会被称作"没有脸的人"。大家听到这个消息，心中不禁有点儿抱怨，因为怕别人找不出他来，但更多的却是期待。

"找脸活动"开始了。我是A组的同学，B组同学先来找A组同学的脸。等到B组同学全都发到纸后，我们组的同学全都屏息凝神等待着结果。突然，一个男生手中挥舞着一张隐隐有两三行字迹的纸，大声地叫道："我找到脸了！我找到脸了！"他用手指向我们组的一个男生。这张脸之所以能这么容易地被找到，是因为我们A组的人只有他一个男生戴蓝色的眼镜，而纸上开头第一句话就是："我戴着一副蓝色的眼镜！"很好，找对啦！

　　"哈哈哈哈！"咦？后面同学为什么笑得那么开心？一位同学捂着笑疼的肚子起身，把纸条递给了后排的男生，紧接着这个男生也笑着上气不接下气地说："这个……这个人……太自恋……恋了！"哦？自恋？我端端正正地坐在座位上，准备看笑话。第一句是"我是一个有点儿漂亮的女孩。"咋觉得这么熟悉？那位同学继续读到："一年四季都是双眼皮。"天哪！这不是我吗？我只好厚着脸皮笑嘻嘻地承认是自己写的。

　　接下来轮到我们A组找B组同学了。第一句话是"我戴着玫红色的眼镜"，看到这，我便把目光锁定在陈嫄和石欣雨身上。我看这个字迹特别像陈嫄写的，就认定这肯定是陈嫄的脸。果不其然，我猜对了，顿时觉得好有成就感啊！期间，有好几个同学都找错了脸，还有的同学找不出是谁的脸，写外貌的同学就只好乖乖接受了"没有脸的人"这个怪怪的称号。

　　从"找脸活动"中我懂得了：描写外貌要抓住特征，要具体，详细，否则会闹笑话哦！

152

汉字大变脸

汤悦成

　　"哈哈哈……"一阵阵银铃般清脆的笑声从我们教室里传出。大家都在干什么？哦，原来是老师在带领我们做游戏呢！

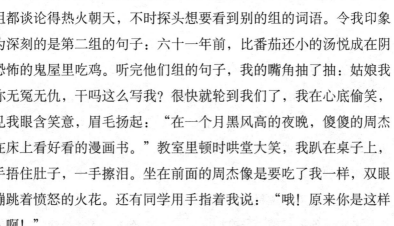

　　"汉字大变脸"这个游戏你们玩过吗？老师让我们用"天、北、奥、画"组词。有一个同学迫不及待地说："星期天的早晨，奥巴马在北极画画。"同学们捧腹大笑，有的拍起了桌子；有的跳了起来；还有的故意发出尖厉的笑声……

　　老师又带领我们玩了下一个游戏——词语对对碰。所有人被分成了四小组并选出四名队长，在众人的举荐下，我很荣幸被推选为队长。游戏开始了，同学们迅速拿起笔，在纸上"唰唰"两下就写好了，一些同学在角落里掩嘴偷笑，让人十分好奇。我们写完了，每个小组都谈论得热火朝天，不时探头想要看到别的组的词语。令我印象最为深刻的是第二组的句子：六十一年前，比番茄还小的汤悦成在阴森恐怖的鬼屋里吃鸡。听完他们组的句子，我的嘴角抽了抽：姑娘我和你无冤无仇，干吗这么写我？很快就轮到我们了，我在心底偷笑，只见我眼含笑意，眉毛扬起："在一个月黑风高的夜晚，傻傻的周杰躺在床上看好看的漫画书。"教室里顿时哄堂大笑，我趴在桌子上，一手捂住肚子，一手擦泪。坐在前面的周杰像是要吃了我一样，双眼里蹦跳着愤怒的火花。还有同学用手指着我说："哦！原来你是这样的人啊！"

　　这次的游戏让我收获颇多，中国的汉字文化真是博大精深啊！

想念那段温暖的时光

生命啊，生命

狄　希

今天，我们要进行一个"有奖问答"的活动。

题目是这样的：在一个充气不足的热气球上，有三位专家，他们的生死存亡关乎着地球的存亡。第一位是环保专家，他能使暗无生机、垃圾遍地的地球变得生机勃勃；第二位是核子专家，如果世界再次变得不和平，发生了第三次世界大战时，作为核子专家，他有权阻止战争发生；第三位是粮食专家，他能在不毛之地种出粮食。而现在面临危机，他们必须抛弃其中的一人，其余两人才能存活，应该丢下哪个人？

我努力思考着这个问题，心中十分纠结：地球少了环保专家，会很脏，少了核子专家，会接连不断发生战争，少了粮食专家，又会有许多人因饥饿而死，三人亡，地球则亡，地球怎么少得了这三位专家呢？我拒绝选择，因为少了任何一个人，地球都不能存活。也有人和我一样选择弃权了。大多数人都认为要选择核子专家，他们觉得现在世界比较和平，第三次世界大战还是遥遥无期的，也许永远都不会发生。也有人投粮食专家和环保专家，但老师都否定了，这时，大家心中更疑惑了。

在公布答案前，老师提了一个问题：如果在这三个人中间添上符

号，要添哪两个符号？如果在三位专家的名字后加上生命二字呢？大家都认为要添上等于号，添上生命二字后还是等于号。我心想：的确应该是等于号，因为每个生命都是平等的，即便这三个人不是专家，而是普通到不能再普通的三个人，他们之间也是平等的，就算再普通的人，也是有生命权的，在生命面前，没有富有，也没有贫困，扔下任何一人，都是等于对一个生命的不尊重。

假如我们的生命真的遇到危机了，我们该怎么办呢？

老师给我们看了一个故事，故事说得是：一位年轻父亲看到自家儿子和几个小孩掉水里了，但自己的孩子离他最远，于是，他救起了离他近的四个孩子，自家孩子淹死了。看完这个故事，我们不仅由衷地赞叹这位父亲的无私，更是明白了，在自己遇到困难时，应该不能有丝毫犹豫，做出价值最大的选择。

回到第一个问题，其实第一个问题的答案非常简单，就是把三位专家中最胖的那一个扔下去，热气球就能减少到最轻的程度，这样热气球就不会落下去了。

通过这节课，我们感悟很深，每个人的生命都是平等的，我们应该尊重生命。

成长，请带上这把梳子

周雨贤

随手握起梳妆台上的这把梳子，便感到有种淡淡的温情，我把梳子轻轻贴近鼻翼，幽幽的清香便飘进了心底，这是妈妈身上的香气，而这把梳子也是她曾经的伙伴，如今，交到了我的手上。

"现在长大了，要开始自己练习梳头了。"随着妈妈斩钉截铁的语言落地，我开始感到无助，只好依葫芦画瓢，先将头发理通了，可我的头发拥有坚硬的盾牌，光靠这一把剑是很难攻破的。我可怜地求助于妈妈，可只是碰了一鼻子灰。梳子在妈妈手中就是乖巧，过去，它能在妈妈手中跳跃，在我的发间旋转，不过一眨眼的工夫，头发便理得清清爽爽，让我每天都带着份好心情。到现在，画风一转，梳子在我手中挣扎，不肯屈服，我气得直跺脚，而妈妈看我笨手笨脚，只在一旁笑。

性急的我在多次失败后索性不干了，怒气直往脸上涌，丢下梳子就想跑。妈妈过来握住我的手，一步一步慢慢引导着我，并理解地说："多练几次就掌握了。"我余光扫过妈妈的手，早已失去了回忆中的细腻白皙，留下的只有岁月的痕迹，一份惭愧涌上心头，默默不语。

在妈妈的逼迫下，我终于开始自己梳头了，尽管内心是抗拒的，过程也是枯燥的。

很快到了假期，每天早晨一睁眼，父母已去上班，不见了身影。正好用刚学的技巧给自己打理，真是方便了不少，正当我暗自偷乐时，妈妈教我梳头的画面一闪而过，我愣了，原来妈妈的用意是如此。成长，迫使我学会更多的东西，但这些东西是终身受益的，我鼻子一酸。

后来我在市场上也看见了不少梳子，有的夸张，有的小巧，有的奇形，各种各样，却没有一把是让人过目不忘的。轻摸它们，只有一丝凉意，即使外形再妖媚，也无法心动。它们缺少的只是最简单的温暖，无法产生情感的共鸣，而妈妈的那把，外表单调，内心丰富，令人怜爱。

鼓励的力量

唐嘉远

天高云淡的10月，空气里似乎还弥漫着夏日的那丝燥热，这燥热搅得我的内心很不平静，加上将要比赛的缘故，本来内心有些紧张的我，更加忐忑不安了。

我站在八百米赛跑的起点上，内心绷得紧紧的，发令枪响了，我虽一如既往地抢到了第一位，但我的整个身体却没能像以往那样舒展开来，手臂摆动的幅度小了，步子也没有以往迈得那么大了。

我努力使自己放轻松，却发现自己的步伐频率越来越慢，无意间又瞥见五班的汤瑞麟，他已经冲到了我的身边，十班的陈奕帆紧随其后。很显然，他们想超过我。加上连续的跑动，我的心脏好像就要从嘴里跳出来似的，我大口地喘着粗气，脚步也不自觉地放慢了，身边的陈奕帆见状立马冲了上来超过了我，替代了我第一的位置。我的动作僵住了，内心在结冰，此时，像极了一只落魄的苍蝇。

突然，耳边传来了那熟悉而又亲切的声音："唐嘉远，加油！"我有些吃惊，寻声瞟了一眼身旁的观礼台，原来是小学时的班主任徐老师！"唐嘉远，加油！唐嘉远，加油！"不，不是一个人在喊，是徐老师带着她现在教的班级，一齐为我鼓劲儿。我的内心顿时温暖了起来，有一种热泪盈眶的感觉，我感觉身上的每一个细胞都充满了能量，我感激地向老师笑了笑，老师的脸上也洋溢着灿烂的笑容。

身边的汤瑞麟想超我，我使出全身的力量，像离弦之箭一般，我感觉自己好像飞了起来，瞬间闪电般地冲到了前面领先的陈奕帆身边，陈奕帆见我追了上来，也加快了步伐，我紧紧地跟在他的身后，不知不觉又跑过了一圈，接下来便是冲刺的二百米，我有些体力不支，"加油……加油"我又听到了徐老师那振奋人心的话语，我咬紧牙关，脑子里一片空白，只有三个字："冲，冲，冲！"耳畔回响着徐老师的话语，求胜欲也越来越强烈，我将身体重心压向前，最后以半个身子的优势第一个冲过了终点线。

寒冷的心，浮躁不安的情绪，那一丝的心灰意冷，都消失在了刚才的一阵阵鼓励声面前，鼓励，使我找回了勇气，坚定了我必胜的信念。

158

想念那段温暖的时光

焦玺源

幼时，我最喜欢的，便是和奶奶待在一起。在我心中，奶奶是世界上最好的人——不知为何，我就是这般坚定地认为。

一天的活计结束了，奶奶踏着月华归来，她看上去似乎很疲惫，但一见了我，她的脸上便一点儿一点儿晕开一层又一层浓得化不开的笑意。她踮着脚，快步跑来并将我抱起："走，我们一起去看星星！"

　　我开心极了，随着奶奶来到田埂。今天的星星似乎格外好看，它们或大或小；或西或东；或璀璨或黯然。那星光交织着铺陈在空旷无人的天空上，渲染出一种神奇。

　　突然，奶奶的声音响了起来："在很久很久以前，有一位男子，叫作牛郎……"她突然给我讲起了故事，她的声音含着三分沧桑，四分浅淡，七分慈祥。置在沁凉的夜中，更是平添了几分浪漫。我出了神，呆呆盯着奶奶，她嘴角微微勾着，宠溺地捏了捏我的脸。我"咯咯"地笑着，在奶奶怀中也不安分起来。奶奶有些无奈，看我没了心思听，又换了一个话题："源儿，你知道星星是怎么来的吗？"

　　我一怔，而奶奶不等我回答，便自顾自地说了下去："天上的星星，都是人变的。"奶奶微微仰着头，随手一指："看到那颗亮的星星了吗？这个，就是好人化身的；而那几颗暗淡的，便是坏人化身的……"她说罢，长长地叹了口气，似乎有些感慨："奶奶以后啊，说不定也会成为一颗星星呢！"

　　我心一慌，径直打断了奶奶的话："奶奶，你以后……也会变成一个星星吗？"奶奶动了动嘴唇，似乎想说什么。或许是又想起了刚刚说的话，便沉默着，久久不言语。

　　我看着奶奶不应，心中慌乱更重，急忙拉着奶奶的衣襟，眼中模糊一片："奶奶，如果你去了天上，那谁和我讲故事呢？我不要奶奶去天上！"奶奶急忙安慰我："不哭了，不哭了，奶奶会一直陪着你的……"她忽然顿了顿："你听！"

　　我屏着气儿，停止了哭，细细地听着：是草叶的声音吗？或者是风吹过田野的呼啸声？或许，什么都不是，只是奶奶轻浅的呼吸声……我往奶奶身边靠了靠，抓住奶奶的衣襟，小心地擦干了眼角的泪水……

　　我信步走到窗前，看窗外的夜色。今天天气不错，晴空万里，月朗星稀。忽然，一颗星星闪烁起了耀眼的光芒，我凝眸，耳畔似又响起了故乡的风声。禁不住，我思念起奶奶，那个对我慈祥微笑着的奶奶，那个深深爱着我的奶奶……

想念那段温暖的时光

陆彦宏

温暖的春天午后，阳光暖洋洋地撒在地上，温暖而又静谧。

"孙女，快到园子里来。"奶奶招呼说。我寻着声音走出了家门，看见奶奶在园里放了两个小板凳和一个又高又宽的板凳当作桌子，上面摆着许多的长叶子，或许因为碰上水的缘故，那叶子在阳光下像被镶上了一道银边，亮晶晶的，煞是好看。我走过去，好奇地盯着那叶子，好像在哪看见过，可怎么也记不起来了。奶奶看出了我的疑惑，慈爱地笑了笑，然后指着那些叶子说："傻孩子，你是不是在想这些叶子是什么呀？这个叫芦苇，是用来包裹你最喜欢吃的粽子用的，看着啊！奶奶给你包粽子喽。"

说着，她拿起一片芦苇叶，将它轻轻弯出一个虎口大小的锥形，下面成一个尖尖的底，没有一点儿空隙，奶奶一勺一勺地将米与花生放在那个锥形中，每放一勺，奶奶更将芦苇叶弯成一个弧紧紧地贴着底下一层，还时不时用筷子在里在将米粒压实。望着那粽子在奶奶手里逐渐形成，我仿佛能闻到粽子的香气——微苦的清香。奶奶望着我说："小馋猫，把口水擦擦，都快流到粽子里去了。"我听后急忙收回了急切的眼神，转而看向奶奶，冲她不好意思地笑了笑。

160

奶奶问我："小馋猫，知不知道粽子背后的故事？"

"想听……"

奶奶一边手里忙着一边说："粽子啊，其实是为了纪念一个伟人，他叫屈原。他抱着灭国之恨、有志难酬的心跳入了汨罗江，人们为了不让小鱼虾吃了屈原，人们将煮好的粽子投到江中喂鱼虾，从此就有了端午节吃粽子的习俗。"

我陷入了沉思……

温暖的阳光下，一个老人手中边包着粽子，嘴中边讲着动听的故事；一个小孩依偎在老人身旁静静地听着，画面静谧而又美好。

这是我童年最温暖的时光，让我难忘。

因为有爱

车可晗

一片洁白的雪花扑上我的略显苍白的脸颊，瞬间吸去为数不多的热量，留下一瓣刺骨的冰凉……

我独自走向面馆，冬日的清晨是那么凄冷。

"老板，来碗面！"两个声音同时发出，我扭过头，一位个子较高的女生站在身后，戴着高高的卡通帽，白色的羊绒围巾几乎遮住了半张脸，只留下一双澄澈的眼睛和淡淡的眉毛。她应该与我是同龄人吧！

端过面条，拔出筷子，掰开，挑起面条，吹了口气。这时我瞟了她一眼。天啊……她的碗里只剩"半壁江山"，而我呢，则还"锦绣山河，寸土未失"。这时面馆里放起了音乐，传向苍白的天穹。

门外，风雪中，出现了一个移动缓慢的黑点，渐近，才知是一位风烛残年的老人。白色的头发写满悲伤，浑浊的双眼充满孤独，如刀的岁月无情地在他脸上刻下几笔，弯得如雕弓似的脊背，每走一步似乎都用尽毕生的力量。但人们似乎对这样的人司空见惯了，不理不睬，包括那女生。我的心又凉了一下：这世界的关爱哪儿去啦？

女生已经吃完了，这时那老人的眼中闪过一丝光亮，慢慢地伸出如枯叶般的双手，突然那女生似乎察觉了什么，迅速转身，夺过碗，兀自将其倒进桶里。瞬间——就是这瞬间，看见老人那双冻得如胡萝卜的双手；这瞬间，我看见女孩的"庐山真面目"——清秀的瓜子脸；这瞬间，我的心降至冰点：这世界与寒冷的冬天相"媲美"。女孩突然支支吾吾地说："大……大爷，我有感……冒，不干……净。"说罢，转身对老板喊："老板，来碗牛肉面，加个煎蛋，我付钱。"又是一瞬间，疑惑冰释，心中竟有满满的爱的温暖，这时面馆里回荡着"只要人人都献出一点爱，世界将变成美好的人间……"

又一片雪花扑上我的脸颊，因为有了爱的温暖，而悄悄融化……

行走在春天里

吴叶子

柔和，清新，怡人。

人生之春，若一个新的起点，藏匿无数鲜活的希冀。这是我转入新学校的第一个春天，我正感到春风徐徐拂来。

　　我好像闯进一个生长着繁盛生命的园林，对这里的每一丝芳香，每一抹新绿，每一道柔光，都欣喜不已。在这里，我结识了许多新朋友，他们的欢笑就像灿若流光的繁星，点染了夜空的荒芜与寂寥。我接纳了新知识，好比清晨滑入花蕊中的盈盈朝露，夹着春的鲜妍。

　　尽管新的生活无比有趣，但还是有不尽如人意的时候。第一次数学测试，跟理想中的成绩大有差别。那潇潇的春雨啊，打落在即将绽开的蓓蕾上，不算疼，但足以让内心盛满了难以名状的失落。失望罢了，还是要重新振作，因为脚下的路啊，好长好长，千万不要错过风雨后的澄空。

　　不知不觉，一个学期的时间过去了。光阴像绵软的沙砾，透过指缝流泻下来，却在掌心留下了阳光的味道。在这半年中，我闻过许多花，淋过瓢泼大雨，痴迷过芳草的气息，流连过迷人的风景，也曾眺望过远方的天空。这一路的开始，注定是美好的。

　　行走在春天里，这里的一切多么令人着迷。此刻，我感到生命正如彼岸的野花一样富有灼灼的生机，梦想之花正在酣睡，等待它初绽的那一天……

乡村闲趣

甘轲晗

　　有些日子没去乡下了，这次可要好好"疯狂"一把。在经历了那一路颠簸的滋味儿后，我扑进了乡路的怀抱中。

在乡下，我们最简单、最疯狂、又最快乐的游戏莫过于赶着鸡跑了，尽管从来没捉住过一只，但每次弄得鸡飞狗跳就是我们最大的乐趣。看！鸡群又在田里觅食，早春的田野草芽还未长成，发现鸡的藏身之处并不困难。我向"战友"使了个眼色，他们立即心领神会。因为不懂"抓鸡之道"，所以采用了一个比较"二"的办法——飞奔而上，赶着鸡跑，消耗鸡的体力。可结果却是看者伤心，听者流泪，想着都惨烈啊。鸡群扑棱着翅膀火速分开，伴着一声声咯咯的惨叫，鸡群在田中东躲西蹿。我们盯上一只肥鸡紧追不舍，可最终鸡没追到，我们倒快累死了。

正当我们席地而坐，放弃抓鸡时，柳暗花明又一村，一只肥鸡坠入水坑中。我们奔向水坑，坑中没有多少水，而那只鸡却死活上不了岸。看它在水坑里扑腾了半天，大伙儿失去了抓鸡的兴趣，一个个纷纷扭头回家。

但不甘心的我决定亲自下河捉拿它。我小心翼翼地踩在岸边的石头上，鸡用惊恐的目光看着我，想必怕了吧！我狡黠地笑了一下。它已无路可退了！可正当我前倾身子，伸出双手想抓住它时，却不妙，此时鸡一跃，结果我只抓住了几根鸡毛，而我却因没站稳，扑向了水洼，"英勇献身"，"啊——"我惨叫，泥水浸了一身。这下好了，我知道什么是"落汤鸡"了！但捉鸡总算有了零的突破，捉到鸡毛了！

已是夕阳下山，人影散乱。我们归而亲朋送也。田野荫翳，鸡鸣鸭呼。"汪汪汪……"咦，咋了？我回头，原来是舅家的两只狗争起了与表妹的"合影权"。我还准备叫表妹一起去照相呢，可她早吓得逃跑了！无奈之下，只好挥挥手，一看手中，嘿！还攥着鸡毛呢！

虽然没有电脑、网络，但今天却感觉格外充实，乡下以它独特的魅力吸引我，让我在快乐的生活中释放自我，体验纯真！

一路颠簸着，我满载欢乐回家去。

白发亲娘

陈　倩

　　刚刚煮好的牛奶，袅袅的雾气中还看得清杯中仍未平息的小旋涡。我用冰冷的手捧起杯子贴在脸颊上，那暖人心肺的感觉，如同贴住了妈妈的手，贴住了那一片温暖的爱。

　　"爱心！"两个字蓦地触动了心中的弦，我的心绪不由得激荡开来。多少年了，每天晚上九点，总有一杯鲜热的牛奶放在我的手上。因为习惯而麻木而满不在乎的我，今天终于发觉它的分量之重，终于品出其中深蕴着母亲的爱心。一股深深的愧疚慢慢升腾——我错了。

　　记不清跟妈妈吵架的具体日期了，因为这几天心里乱得很。但那天的每一幕情景，都深深地印在了脑海里。

　　午饭后，我如往常一样坐在沙发上，嘴里嗑着瓜子，看着我喜欢的杂志。妈妈走来走去忙碌着，我皱皱眉，嘟囔道："妈，你坐一会儿嘛。""坐坐坐，那也得做完家务呀，哪像你，整天就知道跟你的嘴近！"妈妈生气地说。我不耐烦地挥了挥手，谁知这动作反而更惹恼了妈妈，她干脆坐下来，说："都要考试了，也不复习，尽看闲书……"

　　我那天也不知道为什么，火气特别大，心里不由得一阵烦躁，冲妈妈吼道："看书！看书！看书！考试！考试！考试！除了这些，你

想念那段温暖的时光

就不能关心点儿别的？你怎么不来辅导我？自己看不懂又做不来，就会说我！"我一口气说完，忽地站起身，重重地把杂志摔在沙发上，头也不回地回到自己的房间。

接下来的几天，我没有跟妈妈讲一句话，她还是一如既往地给我送牛奶。有一天，我无意中多看了妈妈一眼，呀！银白的发丝斑驳了妈妈那曾经乌黑漂亮的秀发，刺得我的眼睛好痛！我仔细地又观察了一下，妈妈似乎真的变老了，银发染白了两鬓，脸上爬满了皱纹，曾经光洁修长的双手也被生活磨蚀得粗糙不堪。我突然感觉到，我欠母亲的太多、太多！

不知何时，我的眼前一片模糊。以前我怎么一直忽略了妈妈无处不在无时不在的爱？我生活在妈妈无微不至的爱里，却忘记了以心换心，忘了感恩。我哭着对母亲说："妈妈，我错了！请您相信我，以后再也不会那么任性了。"

妈妈紧紧地把我搂在怀里，我感到好温暖，好幸福！我会时常记得：回报母亲，以心换心。

我爱我的白发亲娘！